はじめに

　高年齢者等の雇用の安定等に関する法律（以下「高年法」といいます。）は、平成24年8月29日に改正され、平成25年4月1日から施行されました。

　既に改正された高年法は施行されているため、多くの企業で改正に伴う制度整備を済ませていると思います。とはいえ、改正に伴い整備した制度はこれから具体的に運用されることになるため、改正法が施行された後に実務的な問題が多数生じてくることになるでしょう。

　今後、人事労務実務の現場では対象となった従業員からの質問や疑問に回答しなければならない場面に直面し、各企業の実情に応じた問題を解決していくことになると思います。その際には、例えば対象者限定基準を定めた労使協定の内容自体を変更することを検討しなければならない場合や、従業員の継続雇用の希望申請の有無や変更等に関連してトラブルが生じる場合も想定されます。更に、再雇用を有期労働契約で対応するような場合には労働契約法の有期労働契約に関する規定との関係も注意しなければなりません。このような問題に現場の実務担当者が対応するためには、実務に即した形で高年法の改正内容を理解しておく必要があります。

　そこで、本書では、実務に即した形で高年法の改正内容を理解できるよう、本書におけるQ&Aの多くを人事労務担当者からの質問をベースに作成しております。また、改正された高年法令や高年法Q&Aだけでは明確な回答が困難な部分については、法令等から合理的に考えられる方向性で執筆者としての解釈を展開しています。

　本書が改正された高年法の実務に対応する人事労務担当者の理解の一助となれば幸いです。

　　　　　　　　　　　　　　　　　　平成25年6月　　片山雅也

凡例

- 高年法 ＝高年齢者等の雇用の安定等に関する法律
- 改正 ＝平成24年9月5日法律78号（高年齢者等の雇用の安定等に関する法律の一部を改正する法律）による改正
- 高年法施行規則 ＝高年齢者等の雇用の安定等に関する法律施行規則
- 高年法施行通達 ＝職発1109号第2号「高年齢者等の雇用の安定等に関する法律の一部を改正する法律等の施行について」
（平成24年11月9日）
- 高年指針 ＝高年齢者雇用確保措置の実施及び運用に関する指針
（平成24年11月9日厚生労働省告示第560号）
- 高年基本方針 ＝高年齢者等職業安定対策基本方針
（平成24年11月9日厚生労働省告示第559号）
- 高年法Q&A ＝厚生労働省「高年齢者雇用安定法Q&A」
- 労契法施行通達 ＝基発0810第2号「労働契約法の施行について」
（平成24年8月10日）

65歳全員雇用時代の実務Q&A 目次

はじめに

第1 改正高年法の概要　　7

1 改正の趣旨及びポイント………………………………… 7
　(1) 改正の趣旨
　(2) 改正のポイント
2 継続雇用制度の対象者を限定できる仕組みの廃止………… 7
3 継続雇用制度の対象者を雇用する企業の範囲の拡大…… 10
4 義務違反の企業に対する公表規定の導入………………… 11

第2 改正高年法施行に伴う実務Q&A　　12

【改正高年法関係】
Q1 経過措置の具体的な内容はどのようなものですか ── 12
Q2 これまでの労使協定は無効ですか ── 18
Q3 労使協定を変更しないとどうなりますか ── 19
Q4 対象者限定基準の判断はどの時点で行うのですか ── 21
Q5 労使協定を変更することは可能ですか ── 26
Q6 裁判によって再雇用が認められる場合がありますか ── 29
Q7 全員を65歳まで再雇用しなければならないのですか ── 32
Q8 就業規則の解雇事由に別の事由を追加して再雇用しないことはできますか ── 36
Q9 定年到達時に私傷病休職中の者の再雇用拒否は可能ですか ── 37
Q10 特殊関係事業主とはどういうものですか ── 40

- Q11　企業が対応すべきことはどのようなことですか ── 44
- Q12　経過措置に対応した就業規則と労使協定とは ── 47
- Q13　再雇用した後の労働条件はどのように決めればよいですか ── 53

【改正労働契約法関係】

- Q14　再雇用後5年を超えたら無期転換申込権が発生しますか ── 57
- Q15　65歳以降で無期転換した者に労使協定による選別は可能ですか ── 59
- Q16　無期転換者に別途70歳の定年を定めることは可能ですか ── 61

【雇止め関係】

- Q17　定年後の再雇用で2カ月契約とすることは可能ですか ── 63
- Q18　就業規則がない場合でも労使協定で選別できますか ── 64
- Q19　数カ月経ってから再雇用することは違法になりますか ── 66
- Q20　定年の定めがないので個別に契約することは可能ですか ── 68
- Q21　継続雇用を希望しなかった者が後に希望した場合は拒めますか ── 70
- Q22　再雇用者を63歳で雇止めできますか ── 72
- Q23　選択定年制で60歳までのコースを選択した者も再雇用が必要ですか ── 74

【その他】

- Q24　再雇用後の年休の勤続年数は通算するのですか ── 76
- Q25　社会保険の同日得喪は年金受給権者でなくてもできますか ── 78
- Q26　何もしなかった場合の罰則はどうなっていますか ── 80

参考1　高年齢者雇用安定法のQ&A…………………………………… 81
参考2　高年齢者等の雇用の安定等に関する法律の一部を改正する
　　　　法律等の施行について（平24・11・9　職発1109第2号）……113
参考3　定年及び再雇用希望等についてのアンケート………………125
参考4　再雇用の決定通知書……………………………………………126
参考5　定年退職又は継続雇用終了のお知らせ………………………126

第1　改正高年法の概要

1　改正の趣旨及びポイント

(1)改正の趣旨

　高年法は平成24年8月29日に改正され、平成25年4月1日から施行されました。今回の改正の趣旨は以下のように説明されています（高年法施行通達第1の1）

　①少子高齢化が急速に進展する中、労働力人口の減少に対応し、経済と社会を発展させるため、高年齢者をはじめ働くことができる全ての人が社会を支える全員参加型社会の実現が求められています。

　②現在の年金制度に基づき平成25年度から特別支給の老齢厚生年金の報酬比例部分の支給開始年齢が段階的に引き上げられることから、現状のままでは、無年金・無収入となる者が生じる可能性があります。

　このような状況を踏まえ、継続雇用制度の対象となる高年齢者につき事業主が労使協定により定める基準により限定できる仕組みを廃止するなどの改正を行ったとされています。

(2)改正のポイント

　改正内容の主たるポイントは、以下のとおりです。

　①　継続雇用制度の対象者を限定できる仕組みの廃止
　②　継続雇用制度の対象者を雇用する企業の範囲の拡大
　③　義務違反企業に対する公表規定の導入

　以下、これら改正の概要について説明していきます。

2　継続雇用制度の対象者を限定できる仕組みの廃止

　改正前の高年法では、企業に対し、定年は60歳を下回ることができないとした上で、65歳までの安定した雇用を確保するため①定年の引上げ、②継続雇用制度（従業員が希望するときは、定年後も引き続き雇用する制度）の導入、③定年の定めの廃止—のいずれかの措置を講

じなければならないとしていました。このように、従業員の希望に関係なく対応することになる①定年の引上げや③定年の定めの廃止の他に、あくまで従業員が希望する場合に、定年後も引き続き雇用する制度として、②継続雇用制度が65歳までの雇用確保措置として規定されていました。

その上で、②継続雇用制度については、原則として希望者全員を対象とすることが求められていましたが、労使協定で継続雇用制度の対象となる従業員の選定基準を導入した場合でも、継続雇用制度を導入したものとみなされていました。すなわち、改正前の高年法では60歳以降の従業員について、継続雇用制度の対象となる従業員を限定することが可能とされていました。

そのため、多くの企業が継続雇用の対象者を限定した継続雇用制度を採用しました。高年基本方針第1の3（高年齢者に係る雇用制度の状況）によると、平成24年6月1日当時において、常用労働者が31人以上の企業のうち97.3％が高年齢者雇用確保措置を実施済みとされた上、そのうち、定年の定めの廃止を講じた企業の割合は2.7％、定年の引上げの措置を講じた企業の割合は14.7％、継続雇用制度の導入の措置を講じた企業の割合は82.5％となっているとされています。この継続雇用制度を導入した企業のうち、希望者全員を対象とする制度を導入した企業の割合は42.8％、制度の対象となる高年齢者に係る基準を定めた企業の割合は57.2％となっているとされています。

一方、平成25年度から、厚生年金の支給開始年齢の引き上げが段階的に報酬比例部分にまで及ぶことになります。その結果、継続雇用の対象者を限定する制度を維持したままでは、無年金、無収入の者が生じる可能性がありました。すなわち、対象者限定制度を維持したままでは、平成25年度には、60歳定年以降、継続雇用の対象者として選定されないことにより雇用が継続されず、また年金も支給されないことにより無収入、無年金となる者が生じる可能性がありました。

なお、厚生労働省作成の厚生年金の支給開始年齢の引上げ図は次の

第1　改正高年法の概要

図表1のとおりです。

図表1【厚生年金の支給開始年齢の引上げ】

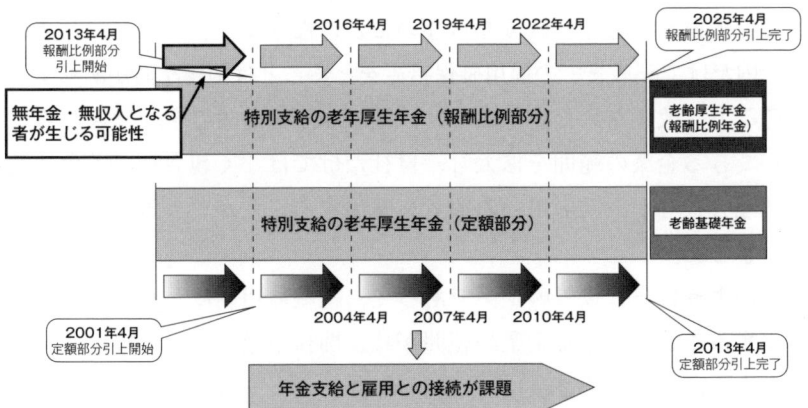

(出典：厚生労働省「高年齢者等の雇用の安定等に関する法律の一部を改正する法律」の概要)

　そこで、今回改正された高年法により、継続雇用制度の対象者を限定できる仕組みを廃止することになりました。その結果、原則として、65歳までの希望者全員の雇用を確保する措置が企業に義務付けられるようになりました。

　ただし、経過措置として、平成37年3月31日までの間、厚生年金の支給開始年齢の段階的な引き上げに合わせる形で、継続雇用制度の対象者を限定できる仕組みを利用することができます（高年法附則3項）。そのため、継続雇用制度の対象者を限定できる仕組みを今後も一定期間維持していきたいと考えている企業は、この経過措置の内容をしっかりと理解する必要があります。

　なお、改正された高年法においても、65歳までの雇用確保措置として、定年の引上げや定年の定めの廃止措置はそのまま維持されていますので、企業は継続雇用制度ではなく、これらの措置をとることも可能です。

3　継続雇用制度の対象者を雇用する企業の範囲の拡大

　継続雇用制度の対象者を限定できる仕組みの廃止の結果、企業は、経過措置を利用した場合であっても、一定期間経過後は65歳までの雇用確保措置をとらなければならないことになります。しかし、企業が自社内だけで65歳までの雇用確保措置をとることは困難な面があります。

　そこで、改正された高年法では、継続雇用の対象者を受け入れることができる企業の範囲を拡大し、自社だけではなく親会社、子会社及び関連会社等が継続雇用の希望者を雇用することができる旨明確に規定しました。

　このように自社以外の企業であって、継続雇用制度として希望者を雇用することができる企業の範囲が特殊関係事業主として規定されています（高年法9条2項）。

　なお、厚生労働省作成の継続雇用制度の対象者を雇用する企業の範囲の拡大図は以下の図表2のとおりです。

図表2【継続雇用制度の対象者を雇用する企業の範囲の拡大】

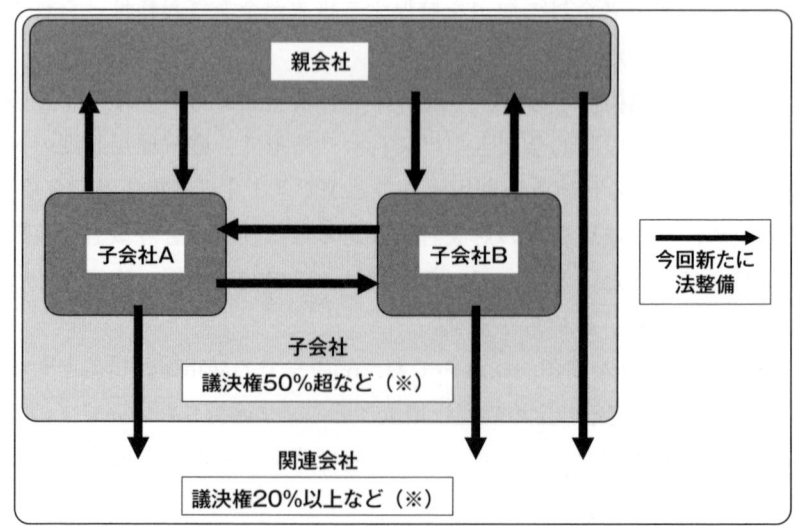

（出典：厚生労働省「高年齢者等の雇用の安定等に関する法律の一部を改正する法律」の概要）

4　義務違反の企業に対する公表規定の導入

　65歳までの雇用確保措置を講じていない企業に対しては、改正前の高年法においても、厚生労働大臣は必要な指導及び助言をすることができるものとされており、指導又は助言をしても雇用確保措置を講じないときは、雇用確保措置を講ずべきことを勧告することができるとされていました（高年法10条1項、2項）。

　今回改正された高年法では、更に勧告を受けた企業が従わない場合、厚生労働大臣はその旨を公表することができるとし、義務違反の企業に対する公表規定を導入しました（高年法10条3項）。

第2 改正高年法施行に伴う実務Q&A

【改正高年法関係】

 経過措置の具体的な内容はどのようなものですか

当社は継続雇用制度を採用しておりますが、年金を受給している場合も希望者全員を継続雇用しなければなりませんか。改正法では年金受給開始年齢に対応した経過措置が設けられているようですが、その具体的内容を説明してください。

 報酬比例部分の年金受給年齢以上であれば協定における選別可能

経過措置を利用することにより、一定期間、厚生年金の報酬比例部分の支給開始年齢以上の者について継続雇用の対象者を限定する基準を定めることができます。そのため、対象者限定基準に該当しない希望者は、当該年金受給開始年齢に達した段階で、継続雇用の対象としないことが可能です。

1 経過措置の具体的内容

改正された高年法では、継続雇用制度の対象者を限定できる仕組みを廃止したため、継続雇用制度を採用した場合、原則として、継続雇用を希望する者全員を65歳まで継続雇用する制度を導入しなければなりません。

ただし、改正された高年法が施行されるまで(平成25年3月31日)に労使協定により継続雇用制度の対象者を限定する基準を定めていた企業については、経過措置により、厚生年金の報酬比例部分の支給が開始された年齢以上の者について、対象者を限定する基準を利用し、継続雇用希望者であっても対象者限定基準を満たさない者については、継続雇用の対象外として継続雇用しないことができます。この経過措

置は平成37年3月31日まで利用することができます。

　このことは、一方で、厚生年金の報酬比例部分の支給開始年齢まで、対象者限定基準を適用することができず、60歳定年後も当該年金支給開始年齢まで、希望者全員を継続雇用する制度を導入しなければならないことを意味します。

　すなわち、今回の改正に基づく経過措置により、厚生年金の報酬比例部分の支給開始年齢までは希望者全員を継続雇用する制度を導入しなければならないと同時に、厚生年金の報酬比例部分の支給開始年齢以上の者については、一定期間、継続雇用の対象者限定基準を適用することができることになります。そのため、対象者限定基準に該当しない従業員は、当該年金受給開始年齢に達した段階で、継続雇用の対象としないことが可能となります。

　加えて、厚生年金の報酬比例部分の支給開始年齢は段階的に引き上げられるため、希望者全員を継続雇用しなければならない時期及び対象者限定基準を適用することができる時期も段階的に引き上げられていくことになります。なお、厚生年金の報酬比例部分の支給開始年齢は平成37年4月1日以降には65歳以上となるため、この支給開始年齢と連動する対象者限定基準を適用できるのは平成37年3月31日までとなります。

2　経過措置のイメージ及び図表

　厚生労働省作成の経過措置のイメージは14ページの図表3のとおりです。

　このような経過措置を、期間、本人の生年月日及び本人が定年に達する月日の区分で分類した上で図表にすると、図表4～6（14～16ページ）の通りとなります。いずれの分類も同じ内容を意味していますが、経過措置の利用時期をわかりやすくするために、視点を変えた分類をしてみました。

図表3 【経過措置のイメージ】

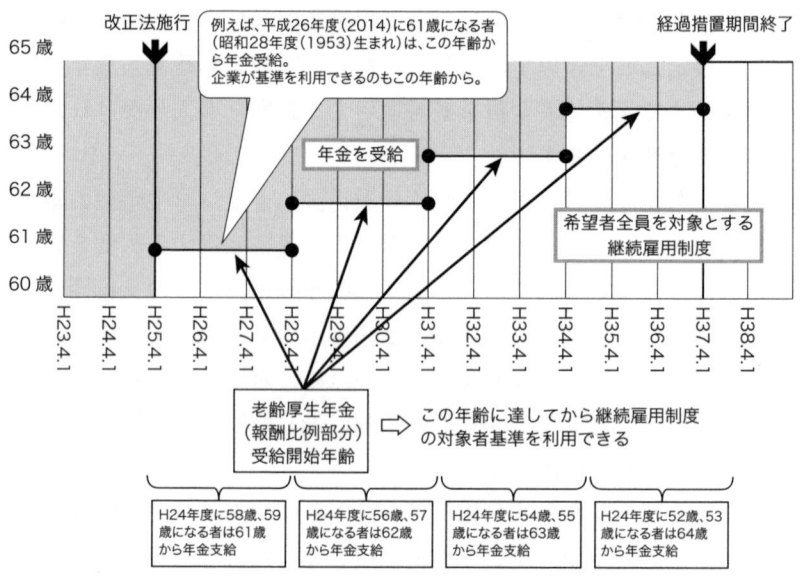

(出典:厚生労働省「高年齢者等の雇用の安定等に関する法律の一部を改正する法律」の概要)

図表4 (期間)

期　　　間	基準の適用年齢
平成25年4月1日から平成28年3月31日まで	61歳
平成28年4月1日から平成31年3月31日まで	62歳
平成31年4月1日から平成34年3月31日まで	63歳
平成34年4月1日から平成37年3月31日まで	64歳

　この図表4 (期間)の読み方について説明しますと、平成25年4月1日から平成28年3月31日までは、61歳まで希望者全員を対象とする継続雇用制度を導入しなければなりません。一方、この期間においては、61歳から継続雇用の対象者を限定する基準を導入し適用することができます。なお、その後の期間も同様の読み方となりますが、平成37年4月1日以降については、継続雇用の対象者限定基準を適用することができなくなります。

図表5（本人の生年月日）

本人の生年月日	基準の適用年齢
昭和28年4月2日から昭和30年4月1日までに生まれた者 平成24年度終了時点の年齢：58歳及び59歳	61歳
昭和30年4月2日から昭和32年4月1日までに生まれた者 平成24年度終了時点の年齢：56歳及び57歳	62歳
昭和32年4月2日から昭和34年4月1日までに生まれた者 平成24年度終了時点の年齢：54歳及び55歳	63歳
昭和34年4月2日から昭和36年4月1日までに生まれた者 平成24年度終了時点の年齢：52歳及び53歳	64歳

　この図表5（本人の生年月日）の読み方について説明しますと、昭和28年4月2日から昭和30年4月1日までに生まれた者（平成24年度終了時点の年齢が58歳及び59歳の者）については、61歳まで希望者全員を対象とする継続雇用制度を導入しなければなりません。一方、この期間に生まれた者については、61歳から継続雇用の対象者を限定する基準を導入し適用することができます。なお、その後も同様の読み方となりますが、昭和36年4月2日以降に生まれた者（平成24年度終了時の年齢が51歳以下の者）については、継続雇用の対象者限定基準を適用することができなくなります。

図表6（定年に達する年月日）

本人が定年に達する年月日	基準の適用年齢
平成25年4月1日から平成27年3月31日までに定年（60歳）に達する者	61歳
平成27年4月1日から平成29年3月31日までに定年（60歳）に達する者	62歳

平成29年4月1日から平成31年3月31日までに定年（60歳）に達する者	63歳
平成31年4月1日から平成33年3月31日までに定年（60歳）に達する者	64歳

　この図表6（本人が定年に達する年月日）の読み方について説明しますと、平成25年4月1日から平成27年3月31日までに定年（60歳）に達する者については、61歳まで希望者全員を対象とする継続雇用制度を導入しなければなりません。一方、この期間に定年（60歳）に達する者については、61歳から継続雇用の対象者を限定する基準を導入し適用することができます。なお、その後も同様の読み方となりますが、平成33年4月1日以降に定年（60歳）に達する者については、継続雇用の対象者限定基準を適用することができなくなります。

3　経過措置を利用することができる企業について
　このように、経過措置により継続雇用制度の対象者を限定できる基準を定めることができるのは、改正された高年法が施行されるまで（平成25年3月31日）に労使協定により継続雇用制度の対象者を限定する基準を定めていた企業に限られていますので、注意が必要です（高年法附則3項、高年法Q&A3-1）。
　なお、ここでいう労使協定は今回の改正に伴って経過措置の内容を反映させた労使協定でなければならないというわけではありません。改正される前の高年法に基づき締結された労使協定であっても、継続雇用される対象者を限定する基準が設けられていれば、今回の改正に伴う経過措置を利用することができます。したがって、既に継続雇用制度を採用した上で継続雇用される対象者を限定する基準を労使協定で設けている企業は、今回の経過措置を利用することができるということになります。

4 女性を理由とした異なる取り扱いの禁止

　年金の支給開始年齢の引上げスケジュールは男女で異なっており、女性における厚生年金報酬比例部分の受給開始年齢の引き上げは男性の5年遅れとなっており、平成30年4月からの予定となっています。

　しかし、経過措置による継続雇用制度の対象者を限定できる基準の対象年齢は男女で異なるものではなく同一となっています（高年法附則3項）。そのため女性については、平成25年4月1日以降も一定期間年金を受給することができますが、このように女性について一定期間年金を受給できることを理由に異なる取り扱いが認められるものではありません。

　なお、男女別の定年を定めることや継続雇用制度の対象を男性のみとする等、従業員が女性であることを理由として男性と異なる取扱いをすることは、男女雇用機会均等法において禁止されています（高年法Q&A3-3）。

　一方、男女労働者の間に事実上の格差が生じている等、雇用の分野における男女の均等な機会及び待遇の確保の支障となっている事情がある場合には、そのような事情を改善することを目的として、男性労働者と比較して女性労働者を有利に取り扱う基準を定めることは、男女雇用機会均等法9条の要請に合致しており違法とはいえないと考えられます。

　ただし、このような事情の存否の判断については、女性労働者が男性労働者と比較して相当程度少ない状況にある等、男女雇用機会均等法に基づき考慮すべき事項等がありますので、弁護士や雇用均等室に相談した方が良いと思います（高年法Q&A4-10）。

これまでの労使協定は無効ですか

これまでの高年法に基づく、再雇用者の選別のための労使協定はすべて無効になるのですか。

そのままでも適用可能だが経過措置の内容に改正を

これまでの労使協定がすべて無効になるものでありません。経過措置に合わせて運用することができます。

改正された高年法の経過措置によって継続雇用制度の対象者を限定する基準を定める場合、当該基準の対象とできるのは、厚生年金の報酬比例部分の支給開始年齢以上の者に限られます。一方、改正前の高年法において継続雇用制度を採用した上で労使協定によって対象者限定基準を設けていた企業では、その労使協定の内容はこのような経過措置の内容に合致したものになっていないはずです。

そのため、継続雇用制度の対象者を限定する基準が適用される者を、経過措置に合わせて、厚生年金の報酬比例部分の支給開始年齢以上の者に限ることを明らかにする労使協定に改めることが望ましいといえます。

しかし、これまでの労使協定を改定せず、継続雇用制度の対象者を限定する基準が適用される者の下限年齢が定められていない場合であっても、厚生年金の報酬比例部分の支給開始年齢以上の者のみを対象として、これまでの労使協定で定めていた基準が運用されるのであれば、経過措置の趣旨から、当該基準をそのまま利用することとしても差し支えないと考えられます（高年法Q&A3-2）。

したがって、これまでの労使協定がすべて無効となるものではなく、対象者限定基準を定めたこれまでの労使協定も改正に伴う経過措置に合わせて運用することができます。

Q3 労使協定を変更しないとどうなりますか

労使協定をそのままにして変更しなかった場合はどうなるのですか。効力は認められるのでしょうか。

A 経過措置の内容で適用だが判断基準時の明確化を

これまでの労使協定を経過措置に合わせて運用することになります。具体的には、労使協定による対象者限定基準について、経過措置に合わせ厚生年金の報酬比例部分の支給開始年齢以上の者のみを対象として運用することになります。ただし、対象者限定基準の判断基準時の問題があることに注意する必要があります。

1 変更しなかった場合の対応方法

改正前の高年法に基づく労使協定が変更されなかったとしても、当該労使協定は無効になるものではなく、厚生年金の報酬比例部分の支給開始年齢以上の者のみを対象として、当該労使協定で定めていた基準が運用されるのであれば、経過措置の趣旨から、当該労使協定に基づく基準をそのまま利用できると考えられます（高年法Q&A3-2）。

そのため、労使協定を変更しなかった場合には、これまでの労使協定を経過措置に合わせて運用することになります。

2 変更しなかった場合の問題点

ただし、改正前の高年法に基づく労使協定をそのまま利用する場合は、対象者限定基準の判断時点をいつの時点にするべきかという判断基準時の問題があることに注意が必要です。

すなわち、今回の改正に関する経過措置を利用する場合、高年齢者が対象者限定基準を満たすか否かの判断基準時を定年時点とするか、対象者限定基準を適用できる年齢の直前とするのか等その判断基準時

を決めておく必要があります。例えば、昭和30年4月2日から昭和32年4月1日までに生まれた者については、60歳の定年時点を対象者限定基準の判断基準時として基準の該当性を判断するのか、対象者限定基準を適用できる年齢である62歳の直前をその判断基準時とするのか等その基準の該当性の判断基準時を決めておく必要があるということになります。

　一方、改正前の高年法に基づく労使協定では、60歳を定年とした上で、当該定年時点において対象者限定基準を満たすか否かを判断するという対応が予定されていたにすぎず、判断基準時をどの時点に置くべきかといった問題への対応は予定されていなかったと思います。

　そのため、改正前の高年法に基づく労使協定を変更せずにそのまま利用した場合には、判断基準時をどの時点とすべきかが明確にならず、実務上混乱が生じる可能性があるので注意が必要です。このような実務上の混乱を回避する観点からは、最低限、これまでの労使協定の内容について、対象者限定基準の該当性の判断基準時をいつの時点にするかを明確にした内容に変更しておいた方が良いと思います。

対象者限定基準の判断はどの時点で行うのですか

　経過措置において、労使協定の対象者限定基準の該当性の判断時点はどの時点で行わなければならないでしょうか。定年到達時に限定されるのでしょうか。

 **60歳定年時点とするか基準対象年齢の直前とするか協定で定める**

　労使協定の対象者限定基準の該当性の判断時点をいつにするかは、労使の判断に委ねられていると考えられます。具体的には、①60歳定年時点とする方法、②基準対象年齢の直前とする方法及び③対象者限定基準の内容毎に判断時期を(1)60歳定年時点とするか(2)基準対象年齢の直前とするか、を分ける方法が考えられます。

1　労使協定に基づく判断時期

　企業が継続雇用制度を採用した場合における労使協定の対象者基準の該当性の判断時期をいつにするかは、労使の判断に委ねられていると考えられます（高年法Q&A3-4）。具体的には労使協定において、その判断時期を定めていくことになります。

　判断時期については、基本的な考え方として、大きく分けて①60歳定年時点とする場合と②基準対象年齢の直前とする場合の2通りのパターンが考えられます。

2　基準の判断時期を①60歳定年時点とする場合

　例えば、平成27年4月1日から平成29年3月31日までに定年（60歳）に達する者について、対象者限定基準の判断時期を①60歳定年時点とする場合、60歳の定年時点を判断時点として基準の該当性を判断することになります。この判断の結果、基準を満たさない場合は62歳を上

限として継続雇用することになります。このように60歳定年時点の判断として基準を満たさなかった場合、60歳の定年時点において、本人に対して基準を満たさなかったため62歳を上限として継続雇用する旨を伝え、再雇用契約書にも62歳を再雇用の上限とする旨を明示して対応することになります。

　一方、基準を満たす場合は、62歳以降も継続雇用することを認めることになり、原則として65歳まで継続雇用することになります。このように基準を満たす場合、対象者限定基準を適用できる年齢は62歳であるにもかかわらず、60歳の定年時点で当該希望者の62歳以降の継続雇用の有無を判断するということになります。そのため、例えば、60歳定年時点までは出勤率が良かったにもかかわらず、60歳定年時点以降の出勤率が悪くなり、62歳の直前では対象者限定基準において設けていた出勤率の基準を満たさないような場合においても、既に60歳定年時点において基準を満たす者として62歳以降も継続雇用することを認めている以上、出勤率が基準を満たさないことを理由に62歳以降の継続雇用を否定することはできないということになります。

　このように対象者限定基準の判断時期を①60歳定年時点とする場合、60歳の定年時点で希望者の継続雇用の期間を把握できるメリットがある一方で、高年齢者の勤務態度や健康状態が、定年後、対象者限定基準を適用できる年齢までの期間に低下して基準を満たさなくなった場合でも、雇用を継続しなければならないというリスクが伴うことに注意する必要があります。

3　基準の判断時期を②基準対象年齢の直前とする場合

　一方、平成27年4月1日から平成29年3月31日までに定年（60歳）に達する者について、対象者限定基準の判断時期を②基準対象年齢の直前とする場合、基準対象年齢である62歳の直前を判断時点として基準の該当性を判断することになります。この場合、60歳の定年時点において継続雇用の対象者限定基準の該当性を判断することなく、継続

雇用をすることになります。その上で、62歳の直前になった時点で基準の該当性を判断することになります。この場合、基準を満たす者は原則として65歳まで継続雇用されることになる一方で、基準を満たさない者については62歳により雇用関係を終了させることになります。

このように基準対象年齢の直前を基準の判断時期とすることについては、例えば過去一定期間の人事考課を対象者限定基準に含めているような場合、注意が必要です。例えば、平成27年4月1日から平成29年3月31日までに定年（60歳）に達する者について過去3年間の人事考課を基準とした上で、基準対象年齢である62歳の直前を基準の判断時期にした場合、対象者限定基準の判断対象に60歳定年前の評価と60歳定年後の継続雇用を実施した後の人事考課の両方が含まれることになります。このような場合に60歳定年前後で人事考課が異なったり、60歳定年後の人事考課が整備されていなかったりすると、対象者限定基準における人事考課をどのように判断すれば良いのか不明瞭なものとなり、実務上混乱が生じるおそれがあります。

そのため、例えば、過去一定期間の人事考課を基準とするような場合で60歳定年後の人事考課について緻密な制度設計がなされていないような場合、対象者限定基準については、定年時点を判断時点としておいた方が良い場合も多いと思います。

4　基準の判断時期を判断基準毎に分けることの可否

以上のような、それぞれの問題点を回避するためには、過去3年間の人事考課については①60歳定年時点を判断時期にする一方で、出勤率については②基準対象年齢の直前を判断時期にするというように、対象者限定の基準内容毎に判断時点を分けることが考えられます。他に考えられる例とすれば、職務等級については①60歳定年時点を判断時期とする一方で、懲戒処分を受けたことがないことや健康診断の結果については②基準対象年齢の直前を判断時期とすることが挙げられます。

とはいえ、そもそもこのように判断時期を対象者限定の基準内容毎に分けることができるのかという問題があります。

この点について高年法令及び高年指針は明確にしていませんが、このように判断時期を対象者限定の基準毎に分けることについて高年法令及び高年指針は明示的に禁止していないとともに、そもそも対象者限定基準の具体的内容は労使協定に委ねられている以上、その具体的基準の内容毎に判断時期を異なった時点にすることも労使の判断として可能であると考えられます。なお、厚生労働省の高齢障害者雇用対策部高齢者雇用対策課、高齢者雇用事業室に問い合わせたところ、判断時期を対象者限定の基準内容毎に分けることも可能であるとの回答を受けています。

以上のように対象者限定基準の判断時期を判断基準の内容毎に分けた場合、まずは定年60歳時点で一部の基準について判断され、当該基準を満たさない者は基準適用年齢を上限として継続雇用され、基準適用年齢に達した時期に雇用関係を終了させることになります。

一方、当該一部の基準を満たす者は基準適用年齢まで継続雇用された上で、基準適用年齢の直前に残りの基準について判断され、残りの基準も満たす者は65歳まで継続雇用されることになります。これに対し、残りの基準を満たさない者については基準適用年齢に達した時期に雇用関係を終了させることになります。

5　まとめ

以上のように基準の判断時期を分ける方法まで含めて対応方法をご紹介しましたが、筆者の見解としては、対象者限定基準はあくまで定年を迎えた上での継続雇用の対象となるか否かの判断である以上、定年までの従業員の働きぶりを評価するという観点から、一律に定年時点を判断基準時にした方がよいのではないかと考えています。

出勤率についても、そもそも定年に至るまで出勤率が高い従業員が定年に至った後、急激に下がることは通常ではあまり考えられません。

一方、そもそも出勤率が悪い従業員については定年以降も悪いことが通常予想できる以上、定年時点で対象者限定基準に該当しないという判断をした方が良いと思います。このような考えは過去に懲戒処分を受けたことがないという基準にも当てはまると思います。

　また、その他本人の勤務成績、勤務態度又は業務遂行能力が定年後、著しく低下したような場合でも、定年後の再雇用を有期雇用にするとともに、これら本人の成績、態度及び能力等を更新基準にしておけば、更新基準に基づき更新を拒絶するということで対応することも可能と考えられます。

　以上のような観点から、筆者の見解としては、経過措置による対象者限定基準は一律に定年時点を判断基準時にした方がよいのではないかと考えています。

　ただし、対象者限定基準と更新基準ではその基準適用の厳格さに違いがあることには留意しておく必要があります。すなわち、対象者限定基準であれば合理的な判断で一定の基準を設けることができれば、その基準に該当しない者を一律に再雇用しないことができますが、更新を拒絶するということで対応する場合、一定の基準に該当しないのであれば容易に更新を拒絶することができるというものではなく、更新拒絶の有効性は厳格に判断されることに注意が必要です。

　具体的には、判例法理（いわゆる雇止め法理）を規定した労働契約法19条により、労働者が有期労働契約の契約期間の満了時にその有期労働契約が更新されるものと期待することについて合理的な理由が認められる場合（同条2号）等に、使用者が雇止めをすることが、客観的に合理的な理由を欠き、社会通念上相当であると認められないときは、雇止めは認められないとされ、この規定は高年法を契機とする有期雇用の再雇用においても適用されることになると考えられますので、この点については注意が必要です。

Q5 労使協定を変更することは可能ですか

経過措置としての労使協定の基準を平成25年4月以降に変更することはできるのでしょうか。

労使の合意があれば可能

平成25年3月31日において有効な労使協定であれば、その後労使合意の上で変更することは可能と考えられます。

1 対象者限定基準の変更の可否

そもそも改正に基づく経過措置は平成37年3月31日までであることから、労使協定で定めた対象者限定基準についても、経営状況や人事制度の変更等によって変更しなければならない状況も生じると思います。また高年法令及び高年指針も対象者限定基準を変更することを明示的に禁止していません。

したがって、経過措置としての労使協定を平成25年4月以降に労使の合意の上で変更することも可能と考えられます。なお、厚生労働省の高齢障害者雇用対策部高齢者雇用対策課、高齢者雇用事業室に問い合わせたところ、平成25年4月以降に経過措置としての労使協定を変更することも可能である旨の回答を受けています。

2 不利益変更の可否

このように平成25年4月以降に経過措置としての労使協定を変更することができたとしても、対象者限定基準について例えば人事考課を「C評価以上」と定めていたものを「B評価以上」と変更するように従業員にとって不利益に変更することは可能でしょうか。

この点、従業員すべてがその不利益について十分に理解するよう説明を行い、従業員一人一人が個別にその不利益の内容について理解し納得の上で合意に至ることができれば、従業員すべてが対象者限定基

準を不利益に変更することについても同意している以上、対象者限定基準を従業員にとって不利益に変更することは可能です（労働契約法8条、9条）。一方、従業員すべてに対して、このような対応をすることが難しい場合、どのように考えれば良いでしょうか。この場合、過半数組合と労使協定に至った場合と過半数代表者と労使協定に至った場合に分けて考える必要があります。

(1) 過半数組合と労使協定に至った場合

過半数組合と合意し対象者限定基準の内容を変更する労使協定に至った場合については、当該変更された労使協定は労働協約でもあるため規範的効力によって組合員を拘束することになります。

ただし、当該労使協定は労働協約であるという面から、その組合員が受ける不利益の程度、労働協約が締結されるに至った経緯、会社の経営状態及び労働協約に定められた基準の全体としての合理性に照らして、労働協約が特定の又は一部の組合員を殊更不利益に取り扱うことを目的として締結された等労働組合の目的を逸脱して締結されたような場合については、規範的効力が認められず、不利益変更が認められない可能性があることに注意が必要です（最判平成9年3月29日労判713号27頁〈朝日火災海上保険（石堂・本訴）事件〉）。

事業場の4分の3以上を占める多数組合であれば、一般的拘束力により同種の労働者である非組合従業員にも労働協約変更の効力が及ぶことになります。ただし、この場合においても、労働協約によって特定の非組合従業員にもたらされる不利益の程度・内容、労働協約が締結されるに至った経緯、当該非組合従業員が労働組合の組合員資格を認められているかどうか等に照らし、当該労働協約を特定の非組合従業員に適用することが著しく不合理であると認められる特段の事情があるときは、労働協約の規範的効力を当該従業員に及ぼすことはできず、当該従業員に対して労働協約変更の効力を及ぼすことができないため、注意が必要です（最判平成8年3月26日労判691号16頁〈朝日火災海上保険（高田）事件〉）。

(2)過半数代表者と労使協定に至った場合

　そもそも、労使協定で対象者限定基準を定めた場合であっても、就業規則によって具体的な対象者限定基準を労使協定によって定める旨規定している場合がほとんどだと思います。そのため、過半数代表者と合意し対象者限定基準の内容を変更した労使協定に至った場合については、就業規則の一部となる労使協定を変更することになるため、就業規則の不利益変更の問題が生じることになります。

　その結果、労使協定による対象者限定基準変更の有効性については、その変更が、従業員の受ける不利益の程度、労働条件の変更の必要性、変更後の基準の内容の相当性、従業員等との交渉の状況に照らして合理的なものであってはじめて有効になるものなので、注意が必要です（労働契約法10条）。

　したがって、過半数代表者と労使協定に至った場合、対象者限定基準を変更することができるとしても、以上のように不利益変更については一定の制約があるため、不利益変更を実行する際には、その変更の必要性や内容の相当性を慎重に検討した上で従業員に対して説明会を開く等して誠実にその変更の必要性や背景について説明し従業員の理解を得る必要があります。

Q6 裁判によって再雇用が認められる場合がありますか

労使協定の基準を満たさないとして再雇用しなかった者が争ってきた場合、裁判によって再雇用が認められることがあるでしょうか。

労使協定の基準を満たした場合は認められる可能性あり

労使協定の基準を満たさない場合には、再雇用しなかった者が争ったとしても裁判によって再雇用が認められる可能性は低いと考えられます。一方、労使協定の基準を満たしていたにもかかわらず、労使協定の基準を満たさないとして再雇用を拒否した場合、裁判によって再雇用が認められる可能性が高いと考えられます。そのため、労使協定の基準を満たすか否かについては慎重な検討が必要です。

1 高年法9条1項の私法上の効力の有無

高年法9条1項は、定年の定めをしている企業は、その雇用する高年齢者の65歳までの安定した雇用を確保するため、定年の引上げ又は継続雇用制度の導入等高年齢者雇用確保措置を講じなければならないと規定しています。この高年法9条1項に私法上の効力が認められると、会社が高年齢者雇用確保措置を導入していない場合であっても、同条項を根拠に個別の従業員について65歳までの雇用義務が認められるという解釈も可能になってきます。そのため、改正前の高年法下において、高年法9条1項に私法上の効力が認められるか否かが裁判上争われてきました。

この問題に関する改正前の高年法下における大阪高裁判決では、高年法9条1項の私法上の効力を否定し、私法上の義務として継続雇用制度の導入義務ないし継続雇用義務まで負っているとまではいえないと判示するとともに（大阪高判平成21年11月27日労判1004号112頁〈NTT西日本事件〉）、東京高裁判決では、高年法9条1項に違反した場合に、

65歳未満の定年の定めを無効とする、私法的効力、強行性を有するものではないと判示しています（東京高判平成22年12月22日判時2126号133頁〈NTT東日本事件〉）。加えて、高年法Q&Aにおいても、高年法は、企業に定年の引上げ、継続雇用制度の導入等の高年齢者雇用確保措置を講じることを義務付けているものであり、個別の労働者の65歳までの雇用義務を課すものではないとしています（高年法Q&A1-3）。

したがって、高年法9条1項には私法上の効力は認められず、同条項を根拠に企業が個別の労働者に対して65歳までの継続雇用義務を負うものではないと考えられます。そのため、労使協定の対象者限定基準を満たさない場合に再雇用をしなかったとしても、企業としては、改正された高年法の経過措置として導入した手続を適正に実行した結果にすぎない以上、別途、高年法9条1項を根拠として裁判によって再雇用が認められる可能性は低いと考えられます。

なお、そもそも企業において適切な継続雇用制度の導入等がなされていない場合には、高年法違反になるため、公共職業安定所を通じて実態が調査され、必要に応じて、助言、指導、勧告及び企業名の公表が行われることになるため、注意が必要です（高年法Q&A1-3）。

2 基準を満たしていたにもかかわらず再雇用を拒否した場合

労使協定の対象者限定基準を満たしていたにもかかわらず再雇用を拒否し、再雇用しなかった者が争ってきた場合、裁判によって再雇用が認められる可能性が高くなると考えられますので、注意が必要です。この場合は、高年法9条1項に私法上の効力が認められるか否かという問題ではなく、主として再雇用を予定している就業規則や各種規程に基づき再雇用契約が成立するか否かが問題となります。

この問題については、改正前の高年法下における最高裁判決があり事案及び判示内容は次のとおりです（最判平成24年11月29日〈津田電気計器事件〉）。

労使協定により定められた高年齢者継続雇用規程における継続雇用

基準では、高年齢者の在職中の業務実態及び業務能力につき作成された査定帳票の内容等を所定の方法で点数化した上で、総点数が０点以上の高年齢者を採用し、これに満たない高年齢者は原則として採用しないことにしていました。このような状況下で、企業は当該従業員に係る査定等の内容を点数化したところ、本来、当該従業員の総点数は１点であって継続雇用基準を満たしていたにもかかわらず、その評価を誤った上、総点数を０点に満たないものと評価していました。

当該従業員は本件規程所定の継続雇用基準を満たすものであったことから、当該従業員において嘱託雇用契約の終了後も雇用が継続されるものと期待することには合理的な理由があると認められる一方、企業において当該従業員につき継続雇用基準を満たしていないものとして本件規程に基づく再雇用をすることなく嘱託雇用契約の終期の到来により当該従業員の雇用が終了したものとすることは、他にこれをやむを得ないものとみるべき特段の事情もうかがわれない以上、客観的に合理的な理由を欠き、社会通念上相当であると認められないものといわざるを得ないとした上で、企業と当該従業員との間に、嘱託雇用契約の終了後も本件規程に基づき再雇用されたのと同様の雇用関係が存続しているものとみるのが相当であり、その期限や賃金、労働時間等の労働条件については本件規程の定めに従うものになると解される旨判示しています。

このように、労使協定に基づく対象者限定基準を満たしていたにもかかわらず、その評価を誤り、対象者限定基準を満たさないとして再雇用を拒否したような場合、再雇用されたのと同様の雇用関係が存続していると判断される可能性があるため、労使協定の対象者限定基準を満たすか否かの判断は慎重に行う必要があります。

全員を65歳まで再雇用しなければならないのですか

継続雇用制度を採用した場合、全員を65歳まで再雇用しなければならないのですか。

 **就業規則の解雇事由や退職事由に該当すれば認めないことも可能**

継続雇用制度を採用した場合、原則として、希望者全員を65歳まで継続雇用する制度を導入しなければなりません。ただし、経過措置を利用することにより一定期間、継続雇用の対象者を限定できる仕組みを採用することができます。また、心身の故障や著しい勤務不良等就業規則に定める解雇事由や退職事由に該当する場合、継続雇用しないこともできます。

1 経過措置に基づく対象者限定基準を満たさない者について

改正された高年法では、継続雇用制度の対象者を限定できる仕組みを廃止したため、継続雇用制度を採用した場合、原則として、希望者全員を65歳まで継続雇用する制度を導入しなければなりません。ただし、改正された高年法が施行されるまで（平成25年3月31日）に、労使協定により継続雇用制度の対象となる基準を定めていた企業については、経過措置として、厚生年金の報酬比例部分の支給開始年齢以上の者について継続雇用制度の対象者を限定する基準を定めることが認められています。

そのため、改正された高年法の施行後においても、一定期間、経過措置に基づく労使協定によって定められた対象者限定基準を満たさない従業員については、再雇用を行わないことができます。

2 経過措置に基づく対象者限定基準を満たす者について

これに対し、経過措置に基づく対象者限定基準を満たす者について

は、原則として、65歳まで希望者全員の雇用を継続する必要があります。もっとも、改正に関する国会審議において、希望者全員の雇用を継続することによる企業の負担増大に関する懸念が示されたため、改正された高年法には、9条3項として、厚生労働大臣は事業主が講ずべき高年齢者雇用確保措置の実施及び運用（心身の故障のため業務の遂行に堪えない者等の継続雇用制度における取扱いを含む。）に関する指針を定めるものとする規定が追加されました。

　この規定に基づき高年指針では次のように定めています。
・心身の故障のため業務に堪えられないと認められること、勤務状況が著しく不良で引き続き従業員としての職責を果たし得ないこと等就業規則に定める解雇事由又は退職事由（年齢に係るものを除く。以下同じ。）に該当する場合には、継続雇用しないことができる。
・就業規則に定める解雇事由又は退職事由と同一の事由を、継続雇用しないことができる事由として、解雇や退職の規定とは別に、就業規則に定めることもできる。

したがって、心身の故障や著しい勤務不良等就業規則に定める解雇事由や退職事由に該当する場合、継続雇用しないこともできます。

3　就業規則への対応

　このように、就業規則に定める解雇事由又は退職事由と同一の事由を、継続雇用しないことができる事由として、解雇や退職の規定とは別に、就業規則に定めることができるとされているところ、高年法Q&A2-2により示されている就業規則の記載例は次のとおりです。

【就業規則の記載例１】

> （解雇）
> 第○条　従業員が次のいずれかに該当するときは、解雇することがある。
> (1)勤務状況が著しく不良で、改善の見込みがなく、従業員としての職責を果たし得ないとき。
> (2)精神又は身体の障害により業務に耐えられないとき。
> (3)・・・
> 　　・・・
>
> （定年後の再雇用）
> 第○条　定年後も引き続き雇用されることを希望する従業員については、65歳まで継続雇用する。ただし、以下の事由に該当する者についてはこの限りでない。
> (1)勤務状況が著しく不良で、改善の見込みがなく、従業員としての職責を果たし得ないとき。
> (2)精神又は身体の障害により業務に耐えられないとき。
> (3)・・・
> 　　・・・

　このような規定の方法以外にも解雇及び退職に関する規定を準用する方法が考えられます。その例を示すと次のとおりとなります。

【就業規則の記載例２】

> （定年）
> 第○条　定年は満60歳とし、60歳に達した日の属する月の末日をもって退職とする。
> （定年後の再雇用）

> 第○条　定年に達した従業員本人が希望し、かつ定年の時点で第○条に定める解雇事由又は第○条に定める退職事由に該当しない場合は、原則65歳に達する日の属する月の末日まで、期間を1年とする有期労働契約により再雇用する。ただし、・・・

Q8 就業規則の解雇事由に別の事由を追加して再雇用しないことはできますか

就業規則に解雇事由又は退職事由とは別の事由を継続雇用しない事由として追加して、再雇用を拒むことはできますか。

A 別の事由を追加して再雇用しないことはできない

解雇事由又は退職事由とは別の事由を、継続雇用しない事由として追加することは認められず、このような別の事由で再雇用を拒むことはできません。

心身の故障のため業務に堪えられないと認められること、勤務状況が著しく不良で引き続き従業員としての職責を果たし得ないこと等就業規則に定める解雇事由又は退職事由（年齢に係るものを除きます。）に該当する場合には、継続雇用しないことができます。

そのため、就業規則の解雇事由又は退職事由と同じ内容を、継続雇用しない事由として、別に規定することは可能です。その際、就業規則の解雇事由又は退職事由のうち、例えば試用期間中の解雇のように継続雇用しない事由になじまないものを除くことは差し支えありません。

一方、解雇事由又は退職事由とは別の事由を、継続雇用しない事由として追加することは、継続雇用しない特別な理由を設けることになり、改正された高年法の趣旨を没却することになるため、認められません（高年法Q&A2-2）。

なお、継続雇用しないことについては、客観的に合理的な理由があり、社会通念上相当であることが求められていることに注意が必要です（高年法Q&A1-1）。そのため、労使協定に基づく対象者限定基準を満たす従業員について再雇用しない場合、解雇の場合と同様にその有効性は客観的に合理的な理由があるか否か、社会通念上相当であるか否かについて慎重に判断されることになります。

Q9 定年到達時に私傷病休職中の者の再雇用拒否は可能ですか

当社には59歳の従業員で私傷病休職中の者がいますが、当該従業員が定年到達時においても私傷病休職中の場合、再雇用拒否をすることができるのでしょうか。

A 解雇事由に該当するのであれば可能だが

「心身の故障のため業務に堪えられないと認められるとき」を解雇事由に定めているとともに、定年時点の従業員の健康状態が当該解雇事由に該当するような場合には、再雇用拒否をすることは可能と考えられます。

1 休職と定年の関係について

「休職」とは、ある従業員について労務に従事させることが不能または不適当な事由が生じた場合に、使用者がその従業員に対し労働契約関係そのものは維持させながら労務への従事を免除することまたは禁止することをいいます（菅野和夫著「労働法」第10版524頁、525頁）。このように休職は労働契約関係が維持されることを前提としています。

一方、「定年制」とは、労働者が一定の年齢に達したときに労働契約が終了する制度をいいます（菅野和夫著「労働法」第10版533頁）。そのため、定年によって労働契約が終了した場合には、労働契約関係が維持されていることを前提とする休職はその前提を欠くことになると考えられます。

したがって、私傷病休職期間中だからといって定年退職とならないものではなく、私傷病休職の期間満了前であっても休職の取扱いは定年までとなり、定年退職の効果が生じると考えられます。

2 再雇用拒否の可否について

そうすると、私傷病休職中の従業員についても定年退職の効果が生

じることになりますが、当該従業員について再雇用拒否をすることができるのでしょうか。

　この点、高年指針によると、心身の故障のため業務に堪えられないと認められること、勤務状況が著しく不良で引き続き従業員としての職責を果たし得ないこと等就業規則に定める解雇事由又は退職事由（年齢に関するものを除きます。）に該当する場合には、継続雇用しないことができるとされています。

　したがって、「心身の故障のため業務に堪えられないと認められるとき」といった解雇事由を定めている場合において、定年時点の従業員の健康状態が当該解雇事由に該当する場合には、再雇用拒否を行うことも可能であると考えられます。

　なお、高年指針は、継続雇用しないことについて、客観的に合理的な理由があり、社会通念上相当であることが求められるとしており、再雇用拒否には実質的な判断が求められることになります。そのため、定年時点において私傷病休職中であるという形式的な理由のみで再雇用拒否した場合、当該再雇用拒否には客観的に合理的な理由がない等として無効と判断されるリスクがあると考えられるので、注意が必要です。

　すなわち、再雇用拒否の可否については、定年後1カ月程度で復職が可能な状態であるのか、それとも復職までに更に1年以上を必要とするように長期間にわたり復職が見込めない状態なのか等その実質的な事情を慎重に確認する必要があると思います。定年後短期間で復職が可能な場合は、「心身の故障のため業務に堪えられないと認められるとき」に該当しないと判断される可能性も否定できません。この場合、当該従業員と合意の上で再雇用開始時期を調整したり、再雇用後における休職命令の発令を検討したりすること等の対応を検討することになると思います。

　一方、定年後も長期間にわたり復職が困難な場合には「心身の故障のため業務に堪えられないと認められるとき」に該当するとして、再

雇用拒否を行うことも可能と考えられます。

　以上により、私傷病休職中に定年に達した者の再雇用拒否については、定年時点の当該従業員の病状、復職までに必要とされる期間等を判断要素として、当該再雇用拒否に客観的に合理的な理由があり、社会通念上相当といえるか否かを慎重に検討する必要がある点に留意して下さい。

Q10 特殊関係事業主とはどういうものですか

特殊関係事業主というのは、どういうもので、何のために定められたのですか。

A 子会社や関連会社、グループ会社など

特殊関係事業主とは、親会社、子会社及び関連会社等、自社以外の企業であって、継続雇用制度として希望者を再雇用することができるグループ企業を意味し、継続雇用の受け皿を拡大するために定められたものです。

1 特殊関係事業主とは

改正された高年法では、継続雇用制度の対象者を限定できる仕組みを廃止する一方で、対象者を限定できる仕組みを一定期間利用できる経過措置を設けています。とはいえ、その経過措置の一定期間が経過すれば、企業は65歳までの雇用確保措置をとらなければならなくなります。しかし、自社内だけで65歳までの雇用確保措置を維持し続けることには困難な面があります。

そこで、改正された高年法では、継続雇用制度の対象者を限定できる仕組みを廃止する一方で、企業が継続雇用制度を利用する場合、継続雇用の対象者を受け入れることができる企業を自社だけに限定せず、親会社、子会社及び関連会社等といった特殊関係事業主が継続雇用の希望者を雇用することができる旨明確に規定しました。この特殊関係事業主とされるグループ企業の範囲は次のとおりです（高年法施行規則4条の3）。

　①自社の子法人等
　②自社の親法人等
　③自社の親法人等の子法人等
　④自社の関連法人等

⑤自社の親法人等の関連法人等

なお、この文言だけでは具体的なイメージを持ちにくいため、図表7の関係図を作成しました。自社を基準に上記番号と図表7の関係図の番号が一致します。自社を中心として、継続雇用希望者の再雇用先が①、②、③、④又は⑤にあるという関係です。

図表7【関係図】

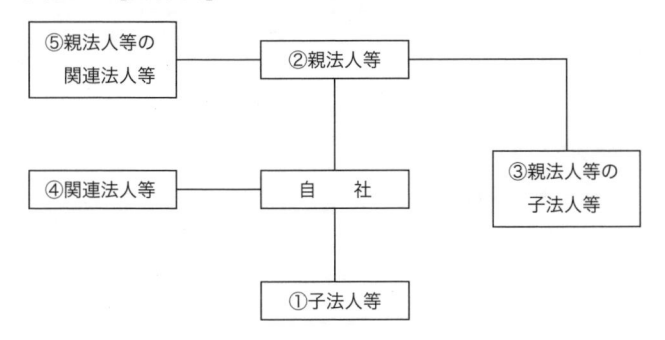

```
┌─────────┐      ┌─────────┐
│⑤親法人等の│──────│②親法人等│
│ 関連法人等 │      └────┬────┘
└─────────┘           │
                       │
┌─────────┐  ┌─────┐  ┌─────────┐
│④関連法人等│──│自 社│──│③親法人等の│
└─────────┘  └──┬──┘  │ 子法人等  │
                 │       └─────────┘
              ┌──┴──┐
              │①子法人等│
              └─────┘
```

2　親子法人等関係の基準

他社を自己の子法人等とする要件のポイントは、当該他社の意思決定機関を支配しているといえることです。具体的には図表8（42ページ）に示す親子法人等関係の支配力基準を満たすことです（高年法Q&A5-1）。

なお、この場合の議決権については例えば株式会社では308条で1株については1議決権、単元株式数を定めている場合は1単元株式につき1個の議決権ということになります（会社法308条）。

3　関連法人等関係の基準

他社を自己の関連法人等とする要件のポイントは、当該他社の財務及び営業又は事業の方針の決定に対して重要な影響を与えることができることです。具体的には図表9（42ページ）に示す関連法人等関係の影響力基準を満たすことです（高年法Q&A5-1）。

図表8 【親子法人等関係の支配力基準】

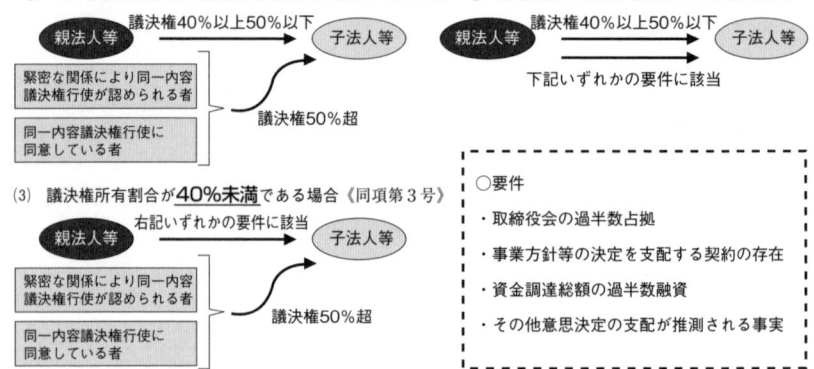

―― 親子法人等関係（支配力基準）《規則第4条の3第2項》

(1) 議決権所有割合が**過半数**である場合《同項第1号》

親法人等 ──議決権50％超──▶ 子法人等

(2) 議決権所有割合が**40％以上50％以下**である場合《同項第2号》
　① 同一議決権行使者の議決権所有割合が合算して50％超　② 意思決定の支配が推測される事実の存在

親法人等 ──議決権40％以上50％以下──▶ 子法人等
- 緊密な関係により同一内容議決権行使が認められる者
- 同一内容議決権行使に同意している者
　──議決権50％超──▶

親法人等 ──議決権40％以上50％以下──▶ 子法人等
　下記いずれかの要件に該当

(3) 議決権所有割合が**40％未満**である場合《同項第3号》
　右記いずれかの要件に該当

親法人等 ──▶ 子法人等
- 緊密な関係により同一内容議決権行使が認められる者
- 同一内容議決権行使に同意している者
　──議決権50％超──▶

○要件
- 取締役会の過半数占拠
- 事業方針等の決定を支配する契約の存在
- 資金調達総額の過半数融資
- その他意思決定の支配が推測される事実

（出典：高年法Q&A5-1図1）

図表9 【関連法人等関係の影響力基準】

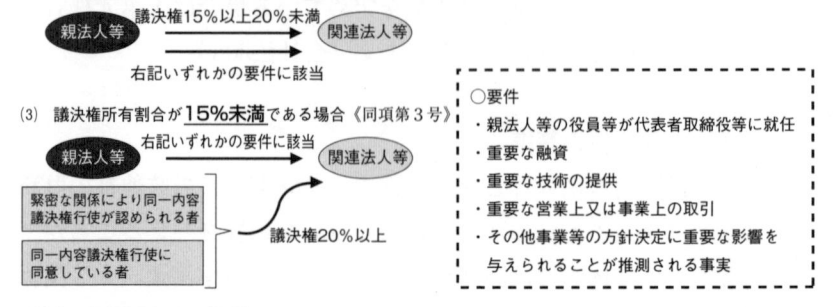

―― 関連法人等関係（影響力基準）《規則第4条の3第4項》

(1) 議決権所有割合が**20％以上**である場合《同項第1号》

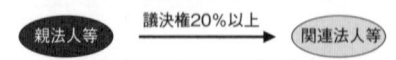

親法人等 ──議決権20％以上──▶ 関連法人等

(2) 議決権所有割合が**15％以上20％未満**である場合《同項第2号》

親法人等 ──議決権15％以上20％未満──▶ 関連法人等
　右記いずれかの要件に該当

(3) 議決権所有割合が**15％未満**である場合《同項第3号》
　右記いずれかの要件に該当

親法人等 ──▶ 関連法人等
- 緊密な関係により同一内容議決権行使が認められる者
- 同一内容議決権行使に同意している者
　──議決権20％以上──▶

○要件
- 親法人等の役員等が代表者取締役等に就任
- 重要な融資
- 重要な技術の提供
- 重要な営業上又は事業上の取引
- その他事業等の方針決定に重要な影響を与えられることが推測される事実

（出典：高年法Q&A5-1図2）

4 グループ会社との間における契約締結の必要性

継続雇用制度を採用した上で、継続雇用先をグループ企業である特殊関係事業主にまで拡大させるためには、元の事業主と特殊関係事業主との間で「継続雇用制度の対象となる高年齢者を定年後に特殊関係事業主が引き続いて雇用することを約する契約」を締結することが要件とされているので、注意が必要です（高年法9条2項）。また、この契約を締結する方式は自由ですが、紛争防止の観点から、書面によるものとすることが望ましいとされています（高年法Q&A5-2）。

そこで、高年法Q&A5-2において示されている契約書例をベースに参考書式を次のとおり作成しました。

継続雇用制度の特例措置に関する契約書

株式会社○○（以下「甲」という。）及び株式会社○○（以下「乙」という。）は、高年齢者等の雇用の安定等に関する法律第9条第2項に基づき、次のとおり契約を締結する（以下「本契約」という。）。

第1条　乙は、甲の継続雇用制度の対象となる労働者であってその定年後も雇用されることを希望する者（以下「継続雇用希望者」という。）を、その定年後に乙が引き続いて雇用する制度を導入する。

第2条　乙は、継続雇用希望者について、乙が継続雇用する主体となることが決定した後、当該継続雇用希望者の定年後の雇用に係る労働契約の申込みを遅滞なく行うものとする。

第3条　第1条の規定に基づき乙が雇用する労働者の労働条件は、乙が就業規則等により定める労働条件による。

本契約成立の証として本書2通を作成し、甲、乙各自1通を保有する。

平成　　年　　月　　日

（甲）東京都○○
　　　株式会社○○
　　　代表取締役○○　　印
（乙）東京都○○
　　　○○株式会社
　　　代表取締役○○　　印

11 企業が対応すべきことはどのようなことですか

改正法で企業が対応すべきことはどのようなことでしょうか。

A 就業規則や労使協定の変更が必要か点検を

改正された高年法に照らし、就業規則及び労使協定を変更する必要があるか否かを確認する必要があります。

1 就業規則について

そもそも改正前の高年法において、企業は65歳までの継続雇用確保措置として、①定年の引上げ、②継続雇用制度の導入、③定年制の廃止、のいずれかの措置を講じなければならないとされていましたが、改正された高年法においても①定年の引上げ及び③定年制の廃止については特に変更はありません。そのため、既に①定年の引上げや③定年制の廃止を選択した企業は、改正に伴って就業規則の変更といった新たな対応は不要です。

また、②継続雇用制度を導入している企業であっても、対象者限定基準を採用せず希望者全員を継続雇用する制度を採用している企業は、経過措置に関する点について就業規則を見直す必要はありません。ただし、その場合でも、心身の故障のため業務に堪えられないと認められること、勤務状況が著しく不良で引き続き従業員としての職責を果たし得ないこと等就業規則に定める解雇事由又は退職事由（年齢に係るものを除きます。）に該当する者を継続雇用の対象者から除外したい旨を明確にしたい場合、就業規則を見直す必要があります。

なお、後述する対象者限定基準を採用している企業が、このように解雇事由又は退職事由に該当する者を継続雇用の対象者から除外したい旨を明確にしたい場合においても、これらの事由を継続雇用しない事由として就業規則に追加する見直しが必要となります。

このように経過措置に関する点にスポットをあてると、今回の改正

された高年法で就業規則の変更対応が必要となる企業は、これまでの継続雇用制度において対象者限定基準を採用していたという企業ということになります。すなわち、これまでの継続雇用制度においては60歳において対象者限定基準が適用されていましたが、改正された高年法では60歳において対象者限定基準が適用されるものではなく、61歳に引き上げられた後、3年毎に1歳ずつ引き上げられることになります。そこで、このように引き上げられていく基準の対象年齢を明確にするため、就業規則の変更が必要となります（高年法Q&A2-1）。

2 労使協定について

　就業規則と労使協定は異なるところ、改正の経過措置に基づく継続雇用制度における対象者限定基準は、あくまで労使協定で定めることが要請されていることに注意が必要です。

　この点についてあえて指摘する理由は、改正前の高年法では、経過措置として一定期間、対象者限定基準を労使協定ではなく就業規則で定めることも認められていたためです。具体的には、改正前の高年法附則5条1項において、対象者限定基準に関する労使協定をするため努力したにもかかわらず協議が調わないときは、経過措置として一定期間、就業規則その他これに準ずるものにより、対象者限定基準を定め、当該基準に基づく制度を導入することができる旨規定されていました。

　そのため、改正前の状況下で対象者限定基準について労使協定ではなく就業規則で対応した上で、経過措置期間後も就業規則での対応のままにしてしまっているケースも想定されます。そこで、対象者限定基準を既に採用している企業であっても、自社の対象者限定基準が労使協定で定められていたか否かを念のため確認しておいた方が良いと思います。

　ただし、経過措置により継続雇用制度の対象者を限定する基準を定めることができるのは、改正された高年法が施行されるまで（平成25年3月31日）に労使協定により継続雇用制度の対象者を限定する基準

を定めていた企業に限られるため、注意が必要です。そのため、平成25年3月31日までに労使協定によって対象者限定基準を定めていない企業は平成25年4月以降に対象者限定基準を導入したいと考えても、導入することはできません。

　なお、労使協定による対象者限定基準を平成25年3月31日までに導入していれば、その基準の内容が、改正された高年法の経過措置の内容（対象者限定基準の下限年齢を定めること）に合致していなくても、高年法の経過措置を利用することはできます。

　更に、平成25年4月以降にその労使協定の内容も変更することができると考えられるため、改正前の高年法に基づいて労使協定による対象者限定基準を導入している企業は、平成25年4月以降であっても、高年法の経過措置に合わせてその内容を変更する対応をしておいた方が良いと思います。その際は、対象者限定基準適用の判断時期をいつの時点にするかについても明確にする内容に変更しておいた方が良いと思います。

Q12 経過措置に対応した就業規則と労使協定とは

改正の経過措置に基づき継続雇用制度を採用したいのですが、就業規則規定例及び労使協定例を示してください。

A 再雇用の基準を定める者と手続きなどを明確化

改正された高年法による経過措置に基づき継続雇用制度を採用する場合の就業規則規定例及び労使協定例を示します。

1 就業規則規定例及び作成のポイント

(1) 就業規則規定例

就業規則規定例は48ページに示したとおりです。

(2) 就業規則作成のポイント

再雇用の対象となる場合として、定年の時点で解雇事由及び退職事由に該当しないことを前提にしています。解雇事由及び退職事由については解雇規定及び退職規定を準用する方法を採用しています。

継続雇用制度の方法としては、60歳で労働契約を終了させた上、新たに雇用契約を締結する再雇用制度も認められているため、本就業規則規定例では再雇用制度を採用しています。これにより、再雇用後の条件は労働者との個別の合意によって新たに設定することができます。そのため、本就業規則規定例では、2項により再雇用後の職務内容、役職及び労働条件については、個別に決定する旨規定しております。

その上で、再雇用後の契約期間は1年間の有期労働契約として、この有期労働契約が更新される形式にしています。

ただし、改正された高年法が65歳(経過措置で定める下限年齢)までの継続雇用を求めていることから、高年齢者は65歳(経過措置で定める下限年齢)まで契約が更新されることについて合理的な期待があると解釈される可能性があります。その結果、65歳(経過措置で定める下限年齢)までに生じる更新拒絶については、労働契約法19条の雇

就業規則規定例

(定年)
第○条　従業員の定年は満60歳とし、60歳に達した日の属する月の末日をもって退職とする。

(定年後の再雇用)
第○条　定年に達した従業員本人が希望し、かつ定年の時点で第○条に定める解雇事由及び第○条に定める退職事由に該当しない者については、原則として65歳に達した日の属する月の末日まで、期間を1年とする有期労働契約により再雇用する。ただし、労使協定に定める基準のいずれかを満たさない者については、次の表の左欄に掲げる生年月日の区分に応じ、それぞれ原則として右欄に掲げる年齢に達した日の属する月の末日まで、期間を1年とする有期労働契約により再雇用し、その後雇用しないものとする。

生年月日の区分	再雇用の上限年齢
昭和28年4月2日から昭和30年4月1日まで	61歳
昭和30年4月2日から昭和32年4月1日まで	62歳
昭和32年4月2日から昭和34年4月1日まで	63歳
昭和34年4月2日から昭和36年4月1日まで	64歳

2　再雇用後の職務内容、役職及び労働条件については、個別に決定する。

3　再雇用を希望する従業員は、定年退職日の3ヵ月前までに書面に基づき、会社に対してその旨の申請をしなければならないものとする。なお、期限までに当該申請を行わなかった場合、希望しなかったものとみなし、期限以降の申請は受け付けないものとする。

4　有期労働契約における契約更新については、契約期間満了時の業務量、本人の勤務成績、勤務態度、業務遂行能力及び会社の経営状況等を判断基準として更新の有無を判断し、更新しない場合もあるものとする。

止め法理が適用され、雇止めに客観的に合理的な理由と社会通念上の相当性が必要とされ、その更新拒絶が困難になることが考えられます。

そこで、本就業規則規定例では、常に65歳（経過措置で定める下限年齢）まで契約が更新される合理的な期待があると解釈される可能性を低減すべく、1項本文において「原則として65歳」及び1項ただし書において「原則として右欄に掲げる年齢」といった規定を設け、例外が存在しうることを前提にしました。加えて、能力等年齢以外を理由として契約を更新しないことは認められていることから（高年法Q&A1-4）、4項において、更新しない場合もある旨を規定した上で、65歳（経過措置で定める下限年齢）前の雇止めがあり得ることを明示しています。なお、労働基準法施行規則5条が改正され、労働契約締結時に、契約期間とともに更新基準も書面の交付によって明示しなければならない事項となったため、注意する必要があります。

再雇用の希望の有無の聴取時期・方法については、改正された高年法に特段の定めがあるものではないため、各企業の判断に委ねられます。希望聴取の方法については、口頭での希望聴取を認めてしまうと、希望を表明したか否かについて後日無用なトラブルを発生させる可能性があります。

そのため、本就業規則規定例では、3項で再雇用の希望申請は書面に基づくことを要請しています。加えて、雇用管理上、定年後の再雇用を実施するためには一定の準備期間が必要になってきます。そのため、本就業規則規定例では、同じく3項で再雇用の希望の提出期限を定めています。その上で、期限までに申請を行わなかった場合には、希望しなかったものとみなして期限以降の申請を受け付けない方式を採用しています。このように期限以降の申請を受け付けない方式を採用する場合は、従業員にこのような方式を採用していることを事前に周知徹底する必要があります。

なお、実務的には、希望提出期限よりも一定期間前に従業員に対して希望申請の書面を配布する等して企業側が主体的にその希望の有無

を確認する機会を従業員に付与するような運用をしておくことが望ましいでしょう（125ページ以下参照）。

2　労使協定例
(1)労使協定例

労使協定例は以下のとおりです。

労使協定例
継続雇用の対象者に係る基準に関する労使協定

○会社（以下「会社」という。）及び会社の従業員の過半数を代表する者（以下「従業員代表」という。）は、高年齢者雇用安定法一部改正法附則第3項に基づきなお効力を有することとされる改正前の高年齢者雇用安定法第9条第2項における継続雇用の対象者に係る基準について、次のとおり協定する。

第○条　就業規則第○条1項ただし書に定める基準は、以下のとおりとする。
　　① 再雇用を希望すること。
　　② 過去の雇用期間中に懲戒処分を受けたことがないこと。
　　③ 過去の雇用期間中の出勤率が○％以上であるとともに、直近3年間の雇用期間中の出勤率が○％以上であること。
　　④ 心身ともに就業を困難にする異常所見はなく、直近3年間の健康診断の総合所見が○判定以上であること。
　　⑤ 直近3年間の人事考課が○評価以上であること。
　　⑥ 職務等級が○等級以上であること。

第○条　前条に定める基準の該当性の判断時期は、定年時点とする。
第○条　本協定の有効期間は平成37年3月31日までとする。
　本協定成立の証として本書2通を作成し会社、従業員代表各自1通を保有する。

平成　　年　　月　　日
　（会社）
　株式会社○　代表取締役○　　　　印
　（従業員代表）
　株式会社○　従業員代表○　　　　印

(2)労使協定作成のポイント

　継続雇用制度は、あくまで希望者を継続雇用する制度である以上、継続雇用を希望しない者を、その者の意思に反して継続雇用する必要はありません。そこで、本労使協定例における対象者限定基準においても、①として再雇用を希望することを基準の一つとしています。

　労使協定で定める基準の内容については、原則として労使に委ねられています。ただし、その基準は次の点に留意して策定されたものが望ましいとされています（高年法Q&A 4-1）。

① 　意欲、能力等をできる限り具体的に測るものであること（具体性）
　　従業員自ら基準に適合するか否かを一定程度予見することができ、到達していない従業員に対して能力開発等を促すことができるような具体性を有するものであること。
② 　必要とされる能力等が客観的に示されており、該当可能性を予見することができるものであること（客観性）
　　企業や上司等の主観的な選択ではなく、基準に該当するか否かを従業員が客観的に予見可能で、該当の有無について紛争を招くことのないよう配慮されたものであること。

　その上で、以下のような基準は適切ではないとされているので、注意が必要です（高年法Q&A 4-1）。

・会社が必要と認めた者に限る。
→基準がないことと等しく、改正された高年法の趣旨に反するおそれがある。
・上司の推薦がある者に限る。
→基準がないことと等しく、改正された高年法の趣旨に反するおそれがある。
・男性（女性）に限る。
→男女差別に該当。
・組合活動に従事していない者
→不当労働行為に該当。

そこで、本労使協定例においては、具体性及び客観性に配慮した基準として、懲戒処分の有無、出勤率及び人事考課等、数値化できる基準を規定しています。

労使協定で定めた基準の該当性の判断時期は定年時点としています。この点について、判断時期を定年時点ではなく基準の適用年齢の直前とする場合は、判断時期を定年時点とした条項を以下のような条項に変更することが考えられます。更に、判断時期を基準によって、定年時点と基準の適用年齢の直前とに分ける場合は、以下の規定に「ただし、前条○号及び○号の判断時期はこの限りでなく、定年退職日とする。」旨規定する方法が考えられます。

（基準の判断時期を適用年齢の直前とする例）

第○条　前条に定める基準の該当性の判断時期は、次の表の左欄に掲げる生年月日の区分に応じ、それぞれ右欄に掲げる年齢に達する日の3ヵ月前とする。

生年月日の区分	再雇用の上限年齢
昭和28年4月2日から昭和30年4月1日まで	61歳
昭和30年4月2日から昭和32年4月1日まで	62歳
昭和32年4月2日から昭和34年4月1日まで	63歳
昭和34年4月2日から昭和36年4月1日まで	64歳

なお、基準の判断時期を適用年齢の直前とする例では、判断時期を基準対象年齢の3ヵ月前としましたが、この具体的な時期については、それぞれの企業の実情に合わせることになります。

13 再雇用した後の労働条件はどのように決めればよいですか

再雇用した後の労働条件はどのように決めればよいですか。

A 業務の内容に応じた範囲で定める

高年齢者の安定した雇用を確保するという高年法の趣旨を踏まえたものであれば、最低賃金等の雇用に関するルールの範囲内で、フルタイム、パートタイム等の労働時間、賃金、待遇等に関して、企業と従業員との間で決めることができます。

1　継続雇用制度における2つの形態

継続雇用制度を導入する場合、大きく分けで2つの形態での継続が考えられます。まずは、継続雇用を希望する従業員に対して、従前の労働契約を終了させずに雇用を継続する雇用延長の形態です。この雇用延長の形態の場合、労働契約の内容は従前の内容で継続してしまうことから、労働条件を変更する場合、原則として従業員の同意が必要となり、従業員の同意なくして条件の変更ができないという取り扱いになります。

次に、労働契約を終了させて新たな労働契約を締結する再雇用の形態です。この再雇用の形態の場合、従前の労働契約は終了する以上、新たな労働条件は企業と従業員との新たな合意で決まることになります。

企業にとっては、再雇用の形態の方が、雇用形態や労働条件について企業の実情に合わせて柔軟に対応することが可能となる以上、再雇用の形態を採用する場合がほとんどだと思います。なお、今回示している就業規則規定例においても再雇用の形態を採用しています。

2　労働条件の決定

このように再雇用の形態を前提とすると、高年齢者の安定した雇用を確保するという高年法の趣旨を踏まえたものであれば、最低賃金等

の雇用に関するルールの範囲内で、フルタイム、パートタイム等の労働時間、賃金、待遇等に関して、企業と従業員との間で柔軟に決めることができます（高年法Q&A1-4）。

例えば、就労形態をワークシェアリングとして、おおむね2人で1人分の業務を担当するといった形態も、企業の合理的な裁量の範囲の条件であれば可能とされています（高年法Q&A1-10）。また、定年前に担当していた職務内容と異なる職務内容での労働条件を提示したとしても高年法に違反するものではないと考えられます。

以上のとおり、高年法における継続雇用制度では、企業と従業員との間で労働条件を合意によって決定することができ、企業に定年退職者の希望に合致した労働条件での雇用を義務付けているものではありません。

そのため、企業が合理的な裁量の範囲の条件を提示していれば、企業と従業員との間で労働条件等について合意が得られず、結果的に労働者が継続雇用されることを拒否したとしても、高年法に違反するものではないとされています（高年法Q&A1-9）。

なお、合理的な裁量の範囲外の労働条件としては、特定の従業員を排除するために他の従業員と比べて不当に差別的な労働条件を設定するような場合が典型例として考えられます。

3　給与の引き下げ

再雇用にあたって有期労働契約を採用した上で給与を引き下げることについては、労働契約法20条が規定する期間の定めがあることによる不合理な労働条件の禁止との関係について配慮しておく必要があります。

労働契約法20条は有期契約労働者の労働条件と無期契約労働者の労働条件が相違する場合において、期間の定めがあることによる不合理な労働条件を禁止しています。

この労働条件の相違に不合理があるか否かは、①「職務の内容（労

働者の業務の内容及び当該業務に伴う責任の程度をいいます。以下同じ。）」、②「当該職務の内容及び配置の変更の範囲」、及び③「その他の事情」をもとに、個別具体的に判断されます。

その上で、①「職務の内容」は、労働者が従事している業務の内容及び当該業務に伴う責任の程度を、②「当該職務の内容及び配置の変更の範囲」は、今後の見込みも含め、転勤、昇進といった人事異動や本人の役割の変化等（配置の変更を伴わない職務の内容の変更を含みます。）の有無や範囲を指し、③「その他の事情」は、合理的な労使の慣行等の諸事情が想定されるとされています（労契法施行通達6(2)エ）。

労働契約法20条及び以上の判断基準については、定年後の再雇用における有期労働契約においても同様に適用されることになると考えられます。そのため、定年後に有期労働契約で継続雇用された労働者の労働条件が定年前の他の無期契約労働者の労働条件と相違することが労働契約法20条に違反することになるのではないかという問題が生じます。

この点について、労契法施行通達では、定年の前後で職務の内容、当該職務の内容及び配置の変更の範囲等が変更されることが一般的であることを考慮すれば、特段の事情がない限り不合理と認められないと解される旨通達しています（労契法施行通達6(2)エ）。

したがって、定年後再雇用された有期労働契約者について、業務の内容を変化させたり、業務に対する責任の程度を引き下げたり、配置転換、転勤、職種の変更の範囲を制限したりすることによって、その給与を引き下げることについては労働契約法20条に違反することなく可能になると考えられます。

更に、報酬比例部分の厚生年金や、国からの補助金や助成金の支給を受けている高年齢者に対しては、これらの支給も踏まえて賃金額を決定することも許容される余地があると考えられます。

ただし、通勤手当、食堂の利用、安全管理等について労働条件を相違させることは、職務の内容、当該職務の内容及び配置の変更の範囲

その他の事情を考慮して特段の理由がない限り合理的とは認められないと考えられますので、注意が必要です（労契法施行通達6(2)オ）。

【改正労働契約法関係】

Q14 再雇用後5年を超えたら無期転換申込権が発生しますか

再雇用で5年を超えた場合に無期転換申込権が発生するのですか。

A 再雇用でも無期転換申込権は発生すると考えられる

無期転換申込権は発生するものと考えられます。

1 改正労働契約法

平成25年4月1日より改正された労働契約法が施行され、同一の従業員と企業との間で、有期労働契約が繰り返し更新され通算5年を超えたときは、従業員の申込みにより、期間の定めのない労働契約（無期労働契約）に転換できるルールが創設されました。

この無期労働契約への転換ルールについて、改正労働契約法上、改正された高年法への適用を除外する規定が設けられているものでもない以上、改正された高年法にも無期労働契約への転換ルールは適用されると考えられます。

したがって、例えば60歳定年後1年間の有期労働契約によって再雇用を行った上、65歳で再雇用を終了せずに更に1年労働契約を更新することにより有期労働契約が通算5年を超えた場合、無期転換申込権が発生することになると考えられます。

この場合、当該従業員から無期転換の申込みがなされると、企業は申込みを承諾したものとみなされ、期間の定めのない労働契約（無期労働契約）が成立することになります。

そのため、このような無期労働契約が成立した従業員について、企業が雇用関係を終了させようとする場合は、無期労働契約者となった従業員を解雇する必要がありますが、このような解雇には成文化された解雇権濫用法理が適用されることになり、「客観的に合理的な理由を欠き、社会通念上相当と認められない場合」には、権利濫用に該当

するものとして解雇は無効になるという厳しい制約が課されることになります（労働契約法16条）。

2　対応方法

そのため、65歳を超えて雇用を継続したい従業員がいる場合は以上のような問題が発生することになります。このような問題を回避する方法としては、通算5年を超えない65歳の時点で雇用契約を終了させた上で、6ヵ月間のクーリング期間を設けて再雇用をすることが考えられます。

改正労働契約法にはクーリング制度が設けられており、有期労働契約とその次の有期労働契約との間に、契約がない期間が6ヵ月以上あるときは、その空白期間より前の有期労働契約は通算契約期間に含めないとされています。そこで、このようなクーリング制度を利用して、無期転換申込権の発生を回避するという方法が考えられます。

このようなクーリング制度を設けることが困難という場合には、無期転換申込権が利用されることで、期間の定めがない無期労働契約に転換する可能性があることを前提として雇用を継続することを選択することになります。

なお、このように期間の定めがない無期労働契約に転換されるということは、定年の定めすらないという状態に陥ることに注意が必要です。そこで、期間の定めのない労働契約に転換される可能性があることを前提にする場合には、就業規則等によって、このような無期労働契約に転換された者への定年に対応できるよう、60歳定年の他に別途第2の定年の定めを設けておく必要がありますので、注意が必要です。

15 65歳以降で無期転換した者に労使協定による選別は可能ですか

65歳以降となり無期転換権を行使した者についての雇用を、労使協定によって選別することはできないのですか。

A 65歳以降で無期転換した後であれば労使協定による選別はできない

労使協定によって選別できるのは65歳までであって、それ以降については選別できません。

改正された高年法における経過措置に基づく労使協定によって再雇用の対象者を選別することができる対象者限定基準は、65歳までの再雇用を確保するか否かの選定基準として機能することが予定されています。そのため、そもそも労使協定によって再雇用の対象者を選別することができる対象者限定基準は、65歳までの再雇用の対象者限定基準として機能することのみ予定されており、65歳以降において無期転換権が行使された場合にまで機能することが予定されているものでありません。

加えて、このように労使協定によって、再雇用の対象者を限定する基準を定めることができるのは、高年法において認められた特別な取扱いであって、無期転換権を行使した者の雇用を選別する基準を労使協定で設けることは改正された高年法でも労働契約法でも認められていません。

したがって、65歳以降となり無期転換権が行使された者の雇用を、労使協定によって選別することはできないと考えられます。

そのため、このような無期労働契約が成立した従業員について、企業が雇用関係を終了させようとする場合は、無期労働契約者となった従業員を解雇する必要がありますが、このような解雇には成文化された解雇権濫用法理が適用されることになり、「客観的に合理的な理由

を欠き、社会通念上相当と認められない場合」には、権利濫用に該当するものとして解雇は無効になるという厳しい制約が課されることになります（労働契約法16条）。

Q16 無期転換者に別途70歳の定年を定めることは可能ですか

60歳定年後の再雇用者が無期転換権行使により無期雇用者となった場合に、定年の定めがあれば適用できますか。例えば60歳定年後の再雇用者を対象に「無期転換者は70歳を定年とする」といった定めを設けることは可能でしょうか。

A 無期雇用者に定年を定めることは可能

無期転換権行使により無期雇用者となった場合に備え、例えば60歳定年後の再雇用者を対象に「無期転換者は70歳を定年とする」といった定年の定めを就業規則等に設けることは可能と考えられます。

1 第2定年の定め

60歳が定年とされる企業において1年間の有期労働契約によって再雇用を行う場合、65歳を超えて再雇用を実施すると無期転換申込権が発生することになります。この無期転換申込権が行使されると、期間の定めのない無期労働契約が成立するだけではなく、そもそも規定していた60歳の定年も過ぎていることになるため、無期転換権を行使した従業員については定年の定めも適用することができなくなるという不都合が生じます。そこで、このような不都合を回避するために、60歳定年後の再雇用者を対象に第2の定年を設ける必要性があります。また、第2の定年を明示的に禁止している法令も見当たりません。

そこで、無期転換権行使により無期雇用者となった場合に備え、例えば60歳定年度の再雇用者を対象に「無期転換者は70歳を定年とする」といった定年の定めを就業規則等に設けることにより、無期転換者に対して定年の定めを適用することができると考えられます。

2　留意点

　第2定年の時期については例として70歳を挙げましたが、そもそも有期労働契約がいつの時期で締結されたかを確認した上で、第2の定年を65歳に設定する必要がある対象従業員が発生することにも注意する必要があります。

　具体的には、定年間際の年齢の従業員を有期労働契約で雇用した場合の対応に注意する必要があります。例えば、60歳定年制を採用している企業において、58歳の時期に1年間の有期労働契約を締結して雇い始めた従業員が5年の通算期間を超えた63歳の時期に、無期労働契約への転換権を行使する場合が考えられます。この場合、無期転換権の行使時において既に60歳の定年を超えているため60歳定年制を適用することが困難となるとともに、無期労働契約が成立するということになります。

　そこで、このような事例における無期労働契約転換者に対しては、就業規則等において第2の定年として65歳を設定することが考えられます。

　以上のように、60歳の定年制を採用している企業が第2定年を定める場合の具体的な定年年齢は、企業の実情に合わせる必要があるので、注意が必要です。

【雇止め関係】

Q17 定年後の再雇用で2カ月契約とすることは可能ですか

定年後の再雇用の契約期間を2ヵ月契約とすることは可能ですか。

A 65歳まで原則更新される制度であれば可能

可能と考えられます。ただし、年齢のみを理由として65歳前に雇用を終了させるような制度は適当ではありません。具体的には、①65歳を下回る上限年齢が設定されていないこと及び②65歳までは原則として契約が更新されること（ただし、能力等年齢以外を理由として契約を更新しないことは認められます。）が必要です。

高年法9条は、65歳未満の定年の定めをしている企業に対して、その雇用する高年齢者の65歳までの安定した雇用を確保するため、定年の引上げ、継続雇用制度又は定年の定めの廃止を義務化しています。

一方、高年法9条は継続雇用制度の形式として有期労働契約の締結を排除しているわけではなく、有期労働契約の期間について一定の制限を設けているわけでもありません。

そのため、定年後の再雇用の契約を2ヵ月契約とすることも可能と考えられます。ただし、その場合であっても、年齢のみを理由として65歳前に雇用を終了させるような制度は適当ではありません。具体的には、再雇用の契約が2ヵ月契約であっても、①65歳を下回る上限年齢が設定されていないこと及び②65歳までは原則として契約が更新されること（なお、能力等年齢以外を理由として契約を更新しないことは認められます。）が必要であると考えられるため、注意が必要です（高年法Q&A1-4）。

なお、高年指針では、むやみに短い契約期間とすることがないよう努めることとされており、注意が必要です。

18 就業規則がない場合でも労使協定で選別できますか

10人未満の事業場で就業規則がありませんが、労使協定を締結すれば、61歳以降の再雇用について対象者を選別することができるのでしょうか。

A 雇用契約書などに定年の定めがあり平成25年3月31日までに労使協定あれば可能

就業規則がないということで、そもそも定年（65歳未満のものに限ります。）の定めをしていない場合には、経過措置に基づく労使協定を利用することができず、61歳以降の再雇用について対象者を選別することはできません。ただし、従業員との間で個別に締結された雇用契約書で定年の定めを設けているような場合には、高年法9条との関係においても定年の定めをしているとして、経過措置に基づく労使協定を利用することができると考えられます。

1 定年の定めがない場合

そもそも、高年法9条は定年（65歳未満のものに限ります。）の定めをしている企業に対し、その雇用する高年齢者の65歳までの安定した雇用を確保するため、定年の引上げ、継続雇用制度の導入（現に雇用している高年齢者が希望するときは、当該高年齢者をその定年後も引き続いて雇用する制度をいいます。）又は定年の定めの廃止を義務化するものです。

その上で、改正に伴う経過措置は、定年の定めをした上で継続雇用制度を導入している企業について、労使協定により対象者を限定する基準を一定期間継続して利用することを認めています。

このように、労使協定により対象者を限定する基準を一定期間利用することができる企業は、そもそも定年の定めを設けていなければなりません。そのため、10人未満の事業場で就業規則がないということ

で、そもそも定年の定めをしていない場合には、経過措置に基づく労使協定を利用することができる前提を欠きます。そのため、この場合には経過措置に基づく労使協定を利用することができず、61歳以降の再雇用について対象者を選別することはできません。

2　定年の定めがある場合

ただし、就業規則がなくとも、10人未満の事業場における従業員との間で締結された雇用契約書に定年（65歳未満のものに限ります。）の定めを設けているような場合には、就業規則がなくても高年法9条との関係において定年の定めをしていると解することも可能と考えられます。

なお、厚生労働省の高齢障害者雇用対策部高齢者雇用対策課、高齢者雇用事業室に問い合わせたところ、同旨の回答を受けています。

そのため、就業規則がなくとも、10人未満の事業場における従業員との間で締結された雇用契約書に定年（65歳未満のものに限ります。）の定めを設けているような場合には、定年の定めをしている企業として、経過措置に基づく労使協定を利用することが可能になると考えられます。

なお、経過措置により継続雇用制度の対象者を限定する基準を定めることができるのは、改正された高年法が施行されるまで（平成25年3月31日）に労使協定により継続雇用制度の対象者を限定する基準を定めていた企業に限られます（高年法附則3項、高年法Q&A3-1）。そのため、そもそも当該期限までに労使協定を締結していない企業は、平成25年4月以降になって初めて労使協定を締結したとしても、対象者限定基準を利用することができないため、注意が必要です。

Q19 数カ月経ってから再雇用することは違法になりますか

60歳を定年としていますが、すぐに仕事が提供できないので、数か月期間を空けた後に再雇用することは違法となりますか。

A 無年金、無収入期間が生ずるので法の趣旨に反し違法の可能性も

空白期間が数カ月に及ぶ場合には、高年法9条1項に違反すると判断される可能性があります。

60歳を定年としている場合、企業がその雇用する高年齢者の65歳までの安定した雇用を確保するために講じなければならない措置は、継続雇用制度の導入となります（高年法9条1項）。

継続雇用制度は、定年後も引き続き雇用する制度ですが、雇用管理の事務手続上等の必要性から、定年退職日の翌日から雇用する制度となりえないことをもって、直ちに法に違反するとまではいえないと考えられていますが、定年後相当期間をおいて再雇用する場合には、「継続雇用制度」といえない場合もあるとされています（高年法Q&A1-7）。

また、そもそも高年法が改正された趣旨は、平成25年度から厚生年金の報酬比例部分の支給開始年齢が段階的に引き上げられることで、60歳の定年後、再雇用されない従業員に無年金・無収入の期間が生じるおそれがあることから、この空白期間を埋めることによって、無年金・無収入の期間の発生を防止する点にあります。

このような趣旨からすると、60歳を定年としている企業が、すぐに仕事が提供できないことを理由に、数か月期間を空けた後に再雇用をする運用を行っている場合、高年法が改正された趣旨を没却することになりかねません。そのため、このような運用は高年法9条1項に違反すると判断される可能性があります。

その結果、高年齢者雇用確保措置が講じられていない企業として、

高年齢者雇用確保措置の実施に関する指導、助言、勧告を受ける可能性があります。更に勧告を受けたにもかかわらず、これに従わなかったときは、厚生労働大臣がその旨を公表できることとされていますので、必要に応じ企業名の公表が行われ、各種法令等に基づき、ハローワークでの求人の不受理・紹介保留、助成金の不支給等の措置が講じられる可能性がありますので、注意が必要です（高年法10条、高年法Q&A1-8）。

Q20 定年の定めがないので個別に契約することは可能ですか

定年の定めがありません。60歳から従業員との間で個別に合意して労働条件を変更する雇用契約を締結することはできますか。

A 個別に合意に基づいて契約することは可能

定年の定めをしていない企業が、60歳から個別に合意して労働条件を変更する雇用契約をすることもできると考えられます。ただし、労働契約の内容を不利益に変更する場合は、従業員がその内容について十分に理解し、納得した上での合意があることを要し、企業はそのための十分な説明をする必要があります。

そもそも定年とは、労働者が所定の年齢に達したことを理由として自動的に又は解雇の意思表示によってその地位を失わせる制度であって就業規則、労働協約又は労働契約に定められたものにおける当該年齢をいいます。このような定年がない企業においては、60歳になっても従前の雇用契約が継続していることになります。また、定年を定める場合の年齢を規定した高年法8条及び高年齢者雇用確保措置を定める高年法9条は、定年の定めをしている企業を前提にしたものであるため、そもそも定年の定めをしていない企業については、高年法8条及び9条の問題でもないということになります。

結果として、定年の定めがない企業が60歳から従業員との間で個別に合意して労働条件を変更する雇用契約を締結するということは、従業員及び企業が、その合意により、労働契約の内容である労働条件を変更するという問題になるところ（労働契約法8条）、労働条件を合意により不利益に変更する場合、労働者がその内容について十分に理解し、納得した上での合意であることを必要とし、企業はそのために十分な説明を行う必要があります。

このように労働条件を従業員との合意により変更する場合については、参考になる裁判例があります。その内容は次のとおりです。

雇用契約の内容を期間の定めのないものから1年の有期契約に変更するとともに、賃金に関する労働条件の変更、退職金制度の廃止、生理休暇・特別休暇の無給化等その内容が多岐にわたるような場合には、社長説明及び個別面談での口頭説明だけではその全体及び詳細を理解し、記憶に止めることは到底不可能といわなければならないとした上、契約書の記載内容についても労働条件の変更内容については雇用期間が1年間と明記されているほかは、賃金について会社との契約金額にするとか、その他就労条件は会社の定めによるといった記載であって、その内容を把握できる記載ではなく、契約書の提出の意味について、提出しない場合どうなるのかとの質問があったが、明確な返答がされたとは認めがたく、契約書の提出が契約締結を意味する旨の説明がされたこともうかがわれない事案において、従業員が締結する契約内容を適切に把握するための前提となる企業の変更の申込みの内容の特定が不十分であったとして、労働条件の変更の合意が成立したとはいえないとしました（東京高判平成20年3月25日労判959号61頁〈東武スポーツ（宮の森カントリー倶楽部・労働条件変更）事件〉）。

そこで、従業員との間で労働条件の不利益変更について合意する場合には、変更する内容を理解しやすい方法で説明し、かつ合意内容を文書で確認する等慎重な対応が必要となり、その対応方法次第で労働条件の変更がなされたとは認められないと判断される可能性があるため、注意が必要です。

以上により、定年の定めをしていない企業が、60歳から個別に合意し契約をすることもできると考えられますが、労働契約の内容を不利益に変更する場合は、従業員がその内容について十分に理解し、納得した上での合意であることを要し、企業はそのための十分な説明をする必要があります。具体的には変更する内容を理解しやすい方法で説明し、かつ合意内容を文書で確認する等といった慎重な対応が必要となります。

Q21 継続雇用を希望しなかった者が後に希望した場合は拒めますか

1年前に継続雇用の希望者を確認したところ、継続雇用を希望しなかった者が後に希望を申し出たときは拒むことができますか。

A 事前に手続きが周知されていて変更を認めないとされていれば可能

継続雇用の希望を確認した際、継続雇用を希望しなかった者はその後の変更を認めない旨を周知徹底していた場合には拒むことができるものと考えられます。なお、後日のトラブルを避けるため、このようなやり取りはすべて書面に基づき行うとともに、変更を認めない等のルールについては就業規則や労使協定でしっかりと定めた上で周知徹底する取り扱いをしておく必要があります。

企業が継続雇用制度を採用した場合における継続雇用の希望聴取の方法・時期については高年法に規定が設けられているものではなく、その具体的な対応方法は各企業の判断に委ねられることになります。

そのため、例えば、雇用管理上の必要性から、提出期限を設けて以後の希望申請を受け付けないといった取り扱いや希望に関する変更を認めないといった取り扱いをすることも可能と考えられます。

ただし、これらの取扱いについては後日のトラブルを避けるため、口頭ではなく書面に基づき対応しておくとともに、このような取り扱いについては就業規則や労使協定でしっかりと定めた上でその周知徹底を図った上で、個別にその旨を告知し同意を取得しておく必要があると思います。

希望申請の提出期限を設けた場合は、提出期限より一定期間前に対象従業員に対して個別に希望申請の提出期限がある旨を書面やメールに基づき告知した上で、その旨の告知を受けた旨を書面やメールに基

づき受領しておくことが考えられます。
　また、希望申請について後日の変更を認めないという場合には、希望聴取の際に後日の変更を認めない旨を書面に基づき説明した上でその合意を書面により取得しておく等の方法を採用することが考えられます。

22 再雇用者を63歳で雇止めできますか

再雇用者を63歳時で契約更新時に雇止めできますか。

A 雇止め法理が適用され無効とされる可能性も

再雇用者を63歳時で契約更新時に雇止めする場合、労働契約法19条（雇止め法理）が適用される可能性があります。同条が適用される場合、雇止めをすることが客観的に合理的な理由を欠き、社会通念上相当であると認められないときは、雇止めは認められないことになります。

企業が継続雇用制度を採用し、高年齢者を有期労働契約によって再雇用した場合、原則として再雇用契約を65歳まで更新していくことになります。そのため、65歳に達する前の契約更新時に労働契約を終了させる場合、有期労働契約の更新拒絶といった雇止めの問題となり、労働契約法19条との関係を検討する必要が生じます。

この点、労働契約法は、労働者が有期労働契約の契約期間の満了時にその有期労働契約が更新されるものと期待することについて合理的な理由が認められる場合、使用者が雇止めをすることが、客観的に合理的な理由を欠き、社会通念上相当であると認められないときは、雇止めは認められず、有期労働契約が同一の労働条件（契約期間を含みます。）で成立する旨規定しています（労働契約法19条2号）。

そして、高年法9条は原則として65歳までの高年齢者雇用確保措置として継続雇用を求めていることからすると、継続雇用制度を採用した企業において再雇用された高年齢者は65歳まで有期労働契約が更新されるものと期待することについて合理的な理由が認められると判断される可能性があります。

その結果、再雇用者を63歳時で契約更新時に雇止めする場合、労働契約法19条（雇止め法理）が適用される可能性があり、同条が適用さ

れることで、雇止めをすることが客観的に合理的な理由を欠き、社会通念上相当であると認められないときは、雇止めは認められないことになります。

　なお、更新拒絶といった雇止めの理由として年齢を理由とすることは認められないものと考えられます。そのため、更新拒絶については、契約期間満了時の業務量、本人の勤務成績、勤務態度、業務遂行能力及び会社の経営状況等を判断理由とすることになりますが、これらの判断理由について客観的に合理的な理由があるか否か、社会通念上相当であるといえるか否かについて厳格に検討されることになり、客観的に合理的な理由がない場合や社会通念上相当といえない場合は、雇止めは認められないことになります。

23 選択定年制で60歳までのコースを選択をした者も再雇用が必要ですか

選択定年制で60歳までのコースを選択した者は、再雇用しなければならないのですか。55歳で退職のコースを選んだ者は再雇用されないので不公平ではないでしょうか。

A　60歳を定年とする以上、再雇用は必要に

選択定年制において60歳定年を設けている企業が、65歳までの再雇用制度を導入した場合、55歳で退職のコースを選ばず60歳の定年となって継続雇用を希望する者については、原則として65歳まで再雇用しなければなりません。一方、55歳で早期退職を自らの意思で選択した者については、再雇用されなくても不公平とまではいえないと思います。

そもそも選択定年制とは、一般的に早期の退職を優遇する制度のことをいい、定年年齢に達する前に退職を選択できるものをいいます。そのため、定年年齢に達する前の一定年齢で退職のコースを選択した場合、従業員自らの意思で任意に退職して雇用契約を終了させることになります。

これに対して、定年とは、労働者が所定の年齢に達したことを理由として自動的に又は解雇の意思表示によってその地位を失わせる制度であって就業規則、労働協約又は労働契約に定められたものにおける当該年齢をいいます。このように定年は従業員の意思に関係なく雇用契約を終了させることになります。

ご質問のケースについては、選択定年制を採用している企業と考えられるところ、60歳を定年として、55歳において早期の退職を優遇する制度を導入していることが想定できます。この場合、60歳を定年としている以上、高年法9条に基づき高年齢者の65歳までの安定した雇用を確保するため、①定年の引上げ、②継続雇用制度の導入、又は③

定年の定めの廃止といった高年齢者雇用確保措置を講じなければなりません。その結果、②継続雇用制度を導入し65歳までの再雇用制度を導入した場合、選択定年制として55歳の早期退職優遇制度を利用しない従業員については、60歳を定年時期とする以上、60歳の定年に達し継続雇用を希望する従業員については、原則として65歳まで再雇用を行わなければならないことになります。

　一方、60歳を定年としている企業において、選択定年制として55歳までの早期退職優遇制度を自らの意思で選択して退職に至っている者については、そもそも60歳の定年に達する前に退職するに至っている以上、定年後も引き続き雇用を継続する継続雇用制度の対象外の者となります。

　そのため、このように60歳の定年前に55歳における早期退職優遇制度を利用した従業員については、自らの意思で継続雇用制度を前提とした定年前に、早期退職優遇制度を選択している以上、再雇用されない結果になったとしても、不公平とまではいえないと思います。

【その他】

Q24 再雇用後の年休の勤続年数は通算するのですか

定年後に再雇用をした場合、年次有給休暇はこれまでの勤続年数を加味して付与するのでしょうか。

A 実質的に継続勤務であれば通算して付与を

年次有給休暇はこれまでの勤続年数を加味して付与する必要があると考えられます。

労働基準法39条は年次有給休暇を定めているところ、この年次有給休暇は、一定期間の継続勤務と、当該期間の全労働日の8割以上出勤という要件を満たすことによって発生します。このように年次有給休暇の発生要件として「継続勤務」が定められています。

定年後に再雇用した場合、形式的にみれば定年までの雇用契約と、定年後の再雇用契約は別個の契約と考えられるため、定年前の雇用契約と定年後の再雇用契約が「継続勤務」といえるか否かが問題となりえます。

この点、「継続勤務」という文言は、労働契約の存続期間すなわち事業場における在籍期間を意味するものと解された上、「継続勤務」は単に形式的にのみ判断すべきものではなく、勤務の実態に即し実質的に判断すべきものと解されています(厚生労働省労働基準局編「平成22年版労働基準法」上588頁)。

そのため、定年退職者を再雇用した場合、形式的には従前の労働契約とその後の労働契約とは別個のものですが、定年退職後の再雇用は単なる企業内における雇用形態の切換えであって実質的には労働関係が継続していると考えられます(厚生労働省労働基準局編「平成22年版労働基準法」上588頁)。

したがって、定年後に再雇用した場合でも、原則として年次有給休

暇はこれまでの勤続年数を加味して付与する必要があると考えられます。

25 社会保険の同日得喪は年金受給権者でなくてもできますか

社会保険では、特別支給の老齢厚生年金の受給権者でなくても同日得喪できますか。

A 通達により年金の受給権者でなくても同日得喪可能に

社会保険は、特別支給の老齢厚生年金の受給権者でなくても、60歳以上の者で、退職後継続して再雇用されるものについては同日得喪が適用可能となります。

1　同日得喪とは

社会保険の「同日得喪」とは、社会保険料算定の基礎となる標準報酬月額の即時改定を可能とする特例措置を意味します。そもそも社会保険料算定の基礎となる標準報酬月額は、社会保険資格取得時に予定される賃金を基に決定されます。その後、賃金が大幅に変動した場合であっても標準報酬月額は即時に改定されるものではなく、一定の要件を満たした場合に賃金変動月の4か月目に改定されるという随時改定の取扱いとなります。

加えて、同一の事業所において雇用契約上一旦退職した者が一日の空白もなく引き続き再雇用された場合、その者の事実上の使用関係は中断することなく存続しているものであるから、同日得喪は適用されません。

ただし、改正前の平成22年6月10日保保発0610第1号・年年発0610第1号・年管管発0610号第1号通達により、①特別支給の老齢厚生年金の受給権者である被保険者であって、②退職後継続して再雇用される者については、使用関係が一時中断したものとみなし、同日得喪が適用されていました。

2 改正内容

 一方、平成25年度以降に60歳になる男性は、60歳時においては①特別支給の老齢厚生年金の受給権者である被保険者ではなく、その要件を満たしません。そのため、以上のような従来の要件のままでは、60歳時には同日得喪は適用されず、標準報酬月額は随時改定となり、改定がなされるまでの一定期間については従前の標準報酬月額に基づいた社会保険料を負担することになります。

 その結果、平成25年度以降に60歳になる男性について賃金が大幅に引き下げられた場合、一定期間、現実の賃金に比して過大な社会保険料を負担することになりかねませんでした。

 しかし、平成25年1月25日保保発0125第1号・年年発0125第1号・年管管発0125号第1号「嘱託として再雇用された者の被保険者資格の取扱いについて（通知）」の一部改正について（通知）において、①特別支給の老齢厚生年金の受給権者である被保険者という従来の要件が、①60歳以上の者に、改正されました。そのため、①60歳以上の者で、②退職後継続して再雇用されるものについては、使用関係が一時中断したものとみなされ、同日得喪が適用されることになりました。

 以上により、特別支給の老齢厚生年金の受給権者でなくても、60歳以上の者で、退職後継続して再雇用されるものについては同日得喪が適用可能となりました。その結果、賃金が大幅に引き下げられたとしても、現実の賃金に比して過大な社会保険料を負担することになりかねないという不利益が回避されることになりました。

26 何もしなかった場合の罰則はどうなっていますか

何もしなかった場合の罰則はどうなっているのでしょうか。

A 勧告に従わなかった場合は企業名公表など

改正された高年法上、何もしなかった場合でも刑事罰のような罰則はありません。ただし、勧告を受けた企業が従わない場合、企業名等を公表される可能性があるとともに、各種法令等に基づき、ハローワークでの求人の不受理・紹介保留、助成金の不支給等の措置が講じられる可能性があります。

　改正前の高年法では、65歳までの雇用確保措置を講じていない企業に対しては、厚生労働大臣は必要な指導及び助言をすることができるとされていた上、厚生労働大臣が指導又は助言をしても企業が雇用確保措置を講じない場合、当該企業に対して、雇用確保措置を講ずべきことを勧告することができるとされていました（高年法10条1項2項）。

　改正された高年法では以上のような対応を残した上で、厚生労働大臣が勧告した場合において、その勧告を受けた企業が従わなかった場合、その旨を公表できるとしています（高年法10条3項）。この公表制度は、刑事罰のような罰則ではありませんが、企業名や法違反の事実を公表するもので、違反に対する制裁的な意味を有しています。

　更に高年法Q&A1-8によると、各種法令等に基づき、ハローワークでの求人の不受理・紹介保留、助成金の不支給等の措置を講じることにしている旨回答されているため、注意が必要です。

参考1　高年齢者雇用安定法のQ＆A

高年齢者雇用安定法Q＆A
（高年齢者雇用確保措置関係）

1．継続雇用制度の導入

Q1－1：改正高年齢者雇用安定法においては、事業主が高年齢者雇用確保措置として継続雇用制度を導入する場合には、希望者全員を対象とするものにしなければならないのですか。

Q1－2：当分の間、60歳に達する労働者がいない場合でも、継続雇用制度の導入等を行わなければならないのでしょうか。

Q1－3：継続雇用制度を導入していなければ、60歳定年による退職は無効となるのですか。

Q1－4：継続雇用制度について、定年退職者を継続雇用するにあたり、いわゆる嘱託やパートなど、従来の労働条件を変更する形で雇用することは可能ですか。その場合、1年ごとに雇用契約を更新する形態でもいいのでしょうか。

Q1－5：例えば55歳の時点で、
①従前と同等の労働条件で60歳定年で退職
②55歳以降の労働条件を変更した上で、65歳まで継続して働き続けるのいずれかを労働者本人の自由意思により選択するという制度を導入した場合、継続雇用制度を導入したということでよいのでしょうか。

Q1－6：例えば55歳の時点で、
①従前と同等の労働条件で60歳定年で退職
②55歳以降の雇用形態を、65歳を上限とする1年更新の有期労働契約に変更し、55歳以降の労働条件を変更した上で、最大65歳まで働き続けるのいずれかを労働者本人の自由意思により選択するという制度を導入した場合、継続雇用制度を導入したということで

よいのでしょうか。

Ｑ１―７：継続雇用制度として、再雇用する制度を導入する場合、実際に再雇用する日について、定年退職日から１日の空白があってもだめなのでしょうか。

Ｑ１―８：高年齢者雇用確保措置が講じられていない企業については、企業名の公表などは行われるのでしょうか。

Ｑ１―９：本人と事業主の間で賃金と労働時間の条件が合意できず、継続雇用を拒否した場合も違反になるのですか。

Ｑ１―10：当社で導入する継続雇用制度では、定年後の就労形態をいわゆるワークシェアリングとし、それぞれ週３日勤務で概ね２人で１人分の業務を担当することを予定していますが、このような継続雇用制度でも高年齢者雇用安定法の雇用確保措置として認められますか。

Ｑ１―11：有期契約労働者に関して、就業規則等に一定の年齢（60歳）に達した日以後は契約の更新をしない旨の定めをしている事業主は、有期契約労働者を対象とした継続雇用制度の導入等を行わなければ、高年齢者雇用安定法第９条違反となるのですか。

２．就業規則の変更

Ｑ２―１：当社の就業規則では、これまで、基準に該当する者を60歳の定年後に継続雇用する旨を定めていますが、経過措置により基準を利用する場合でも、就業規則を変えなければいけませんか。

Ｑ２―２：就業規則において、継続雇用しないことができる事由を、解雇事由又は退職事由の規定とは別に定めることができますか。

Ｑ２―３：経過措置により継続雇用制度の対象者に係る基準を労使協定で定めた場合は、労働基準監督署に届け出る必要はあるのですか。

３．継続雇用制度の対象者基準の経過措置

Ｑ３―１：すべての事業主が経過措置により継続雇用制度の対象者を

限定する基準を定めることができますか。

Q3－2：改正高年齢者雇用安定法が施行された時点で労使協定により継続雇用制度の対象者を限定する基準を定めていた事業主は、経過措置により当該基準をそのまま利用できますか。
　老齢厚生年金の報酬比例部分の支給開始年齢に合わせて段階的に当該基準の対象者の下限年齢を変更しなければならないのですか。

Q3－3：継続雇用制度の対象者を限定できる仕組みの廃止の経過措置について、この仕組みの対象者となる下限の年齢を厚生年金（報酬比例部分）の支給開始年齢の引上げスケジュールにあわせ、平成37年4月までに段階的に引き上げることとされていますが、年金の支給開始年齢の引上げスケジュールは男女で異なっています（女性は5年遅れ）。経過措置の対象年齢も男女で異なることになるのでしょうか。

Q3－4：経過措置により労使協定による継続雇用制度の対象者の基準を維持する場合、基準に該当しない者については、基準の対象年齢に到達した後は雇用を継続しないこととしてよいでしょうか。また、基準該当性の判断はどの時点で行わなければならないのでしょうか。

Q3－5：改正高年齢者雇用安定法が施行された後に継続雇用制度の対象者を限定する基準を定める労使協定を変更して結び直すことはできますか。

Q3－6：経過措置により継続雇用制度の対象者を限定する基準を定める労使協定には、一定の期限を定めなければならないのですか。また、経過措置期間中に、労使協定の期限が切れた場合、引き続き基準を利用するために、新たに労使協定を締結することはできないのですか。

Q3－7：経過措置により継続雇用制度の対象者を限定する基準を労使協定で定める場合、労使協定は、事業所ごとに結ぶ必要があるのでしょうか。企業単位で労使協定を結ぶことは可能でしょうか。

4．経過措置により労使協定で定める基準の内容

Q4―1：経過措置により労使協定で定める継続雇用制度の対象者を限定する基準とはどのようなものなのですか。

Q4―2：経過措置による継続雇用制度の対象者に係る基準として、「会社が必要と認める者」や「上司の推薦がある者」を定めることは認められますか。

Q4―3：経過措置による継続雇用制度の対象者に係る基準として、「過去○年間の人事考課が○以上である者であって、かつ、会社が必要と認める者」というように組み合わせの一つとしてQ4－2にあるような基準を含めることは可能ですか。

Q4―4：経過措置による継続雇用制度の対象者に係る基準として、「協調性のある者」や「勤務態度が良好な者」という基準を設けることはできますか。

Q4―5：経過措置による継続雇用制度の対象者に係る基準を定めるにあたり、労使協定で定めた場合、非組合員や管理職も当該協定が適用されるのでしょうか。

Q4―6：労使協定では、通常、労働組合の対象者（組合員）のみを念頭に規定するので、労働組合法上の労働組合に加入できない管理職については労使協定で、『定年時に管理職であった労働者については、別途就業規則で定める』と定め、別途就業規則で、経過措置による継続雇用制度の対象者に係る基準を定めることは可能ですか。

Q4―7：労使協定で、特定の職種についてのみ規定することとし、他の職種については労使協定で、『○○職であった労働者については、別途就業規則で定める』と定め、別途就業規則で、経過措置による継続雇用制度の対象者に係る基準を定めることは可能ですか。

Q4―8：職種別に異なる基準や管理職であるか否かによって異なる基準を定めることは可能ですか。

Q4―9：経過措置による継続雇用制度の対象者に係る基準として、「○○職（特定の職種）の者」や「定年退職時に管理職以外の者」とい

う基準を設け、特定の職種や管理職以外の者のみを継続雇用する制度は可能ですか。

Q4—10：当社においては、男女労働者の間に事実上の格差が生じているため、経過措置による継続雇用制度の対象者に係る基準について、男女同じ基準を適用した場合、当該基準を満たす女性労働者はほとんどいなくなってしまいます。
　このため、継続雇用される男女の比率が同程度となるよう、継続雇用制度の対象者に係る基準を男女別に策定したいと考えていますが、問題はあるでしょうか。

Q4—11：当社においては、継続雇用制度の導入に当たり、障害のある高齢者の継続雇用を積極的に進めたいと考えています。このため、経過措置による継続雇用制度の対象者に係る基準として、体力等に関する基準を定める際、障害者については当該基準を適用しなかったり、異なる基準を設けたりすることは可能ですか。

Q4—12：Q4—1のとおり経過措置により継続雇用制度の対象者に係る具体性・客観性のある基準を定めたのですが、その基準に該当する者全員の雇用を確保しなければ、高年齢者雇用安定法に定める高年齢者雇用確保措置を講じたものとは解釈されないのでしょうか。

5　継続雇用先の範囲の拡大

Q5—1：継続雇用先の範囲をグループ会社にまで拡大する特例において、グループ会社とされる特殊関係事業主とは、どのような関係の事業主を指すのですか。

Q5—2：継続雇用先の範囲をグループ会社にまで拡大する特例を利用するために、グループ会社との間でどのような契約を締結すればよいのですか。

Q5—3：特殊関係事業主の要件は、どの時点で満たす必要がありますか。

Q5—4：継続雇用先の範囲をグループ会社にまで拡大する特例を利

用する場合、そのグループ会社はどのような労働条件を提示しなければならないのでしょうか。

Q5－5：継続雇用先の範囲をグループ会社にまで拡大する特例の利用によりグループ会社として他の事業主の定年退職者を雇用することとされている場合には、自社の継続雇用制度により雇用する自社の定年退職者よりも優遇して取り扱わなければならないのですか。

Q5－6：継続雇用先の範囲をグループ会社にまで拡大する特例を利用する場合、継続雇用制度の対象者を自社で雇用するか他社で雇用するかの基準を設けても構わないのですか。

Q5－7：継続雇用先をグループ会社にする場合、グループ会社の範囲であれば、例えば海外子会社など、遠隔地にある会社であっても、差し支えないでしょうか。

Q5－8：継続雇用先をグループ会社にすることを考えていますが、当社の定める就業規則とグループ会社の定める就業規則とでは解雇事由に差異があり、グループ会社の定める解雇事由の方がより解雇事由が広いものとなっています。この場合、当社の定年到達者をグループ会社において継続雇用するかどうかの判断に、グループ会社の解雇事由を用いてもよいでしょうか。それとも、当社で継続雇用するのと同様に、当社の解雇事由を用いる必要があるのでしょうか。

Q5－9：当社では、経過措置により継続雇用制度の対象者に係る基準を定めているとともに、継続雇用先をグループ会社にまで広げています。定年到達者をグループ会社で継続雇用することにした場合、この定年到達者が経過措置で基準の利用が認められている年齢に達したときに、このグループ会社は、当社の基準を用いなければならないのでしょうか。

1．継続雇用制度の導入

Q1－1：改正高年齢者雇用安定法においては、事業主が高年齢者雇用確保措置として継続雇用制度を導入する場合には、希望者全員を

対象とするものにしなければならないのですか。

A1－1：事業主が高年齢者雇用確保措置として継続雇用制度を導入する場合には、希望者全員を対象とするものにしなければなりませんので、事業主が制度を運用する上で、労働者の意思が確認されることになると考えられます。

　ただし、改正高年齢者雇用安定法の施行されるまで（平成25年3月31日）に労使協定により継続雇用制度の対象者を限定する基準を定めていた事業主については、経過措置として、老齢厚生年金の報酬比例部分の支給開始年齢以上の年齢の者について継続雇用制度の対象者を限定する基準を定めることが認められています。

　なお、心身の故障のため業務に堪えられないと認められること、勤務状況が著しく不良で引き続き従業員としての職責を果たし得ないこと等就業規則に定める解雇事由又は退職事由（年齢に係るも

（参考）老齢厚生年金の報酬比例部分の支給開始年齢

平成25年4月1日から平成28年3月31日まで	61歳
平成28年4月1日から平成31年3月31日まで	62歳
平成31年4月1日から平成34年3月31日まで	63歳
平成34年4月1日から平成37年3月31日まで	64歳

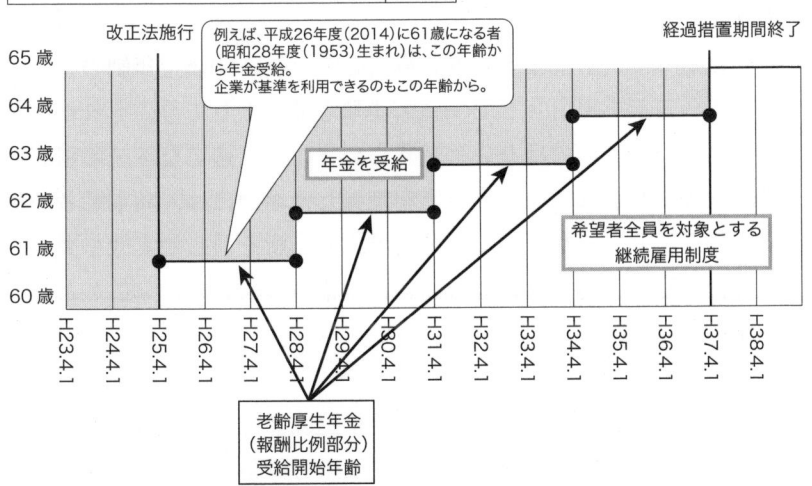

のを除く。）に該当する場合には、継続雇用しないことができます。ただし、継続雇用しないことについては、客観的に合理的な理由があり、社会通念上相当であることが求められると考えられることに留意が必要です。

Q１－２：当分の間、60歳に達する労働者がいない場合でも、継続雇用制度の導入等を行わなければならないのでしょうか。
A１－２：高年齢者雇用安定法は、事業主に定年の引上げ、継続雇用制度の導入等の高年齢者雇用確保措置を講じることを義務付けているため、当分の間、60歳以上の労働者が生じない企業であっても、65歳までの定年の引上げ、継続雇用制度の導入等の措置を講じていなければなりません。

Q１－３：継続雇用制度を導入していなければ、60歳定年による退職は無効となるのですか。
A１－３：高年齢者雇用安定法は、事業主に定年の引上げ、継続雇用制度の導入等の高年齢者雇用確保措置を講じることを義務付けているものであり、個別の労働者の65歳までの雇用義務を課すものではありません。
　したがって、継続雇用制度を導入していない60歳定年制の企業において、定年を理由として60歳で退職させたとしても、それが直ちに無効となるものではないと考えられますが、適切な継続雇用制度の導入等がなされていない事実を把握した場合には、高年齢者雇用安定法違反となりますので、公共職業安定所を通じて実態を調査し、必要に応じて、助言、指導、勧告、企業名の公表を行うこととなります。

Q１－４：継続雇用制度について、定年退職者を継続雇用するにあたり、いわゆる嘱託やパートなど、従来の労働条件を変更する形で雇

用することは可能ですか。その場合、1年ごとに雇用契約を更新する形態でもいいのでしょうか。

A1—4：継続雇用後の労働条件については、高年齢者の安定した雇用を確保するという高年齢者雇用安定法の趣旨を踏まえたものであれば、最低賃金などの雇用に関するルールの範囲内で、フルタイム、パートタイムなどの労働時間、賃金、待遇などに関して、事業主と労働者の間で決めることができます。

　1年ごとに雇用契約を更新する形態については、高年齢者雇用安定法の趣旨にかんがみれば、年齢のみを理由として65歳前に雇用を終了させるような制度は適当ではないと考えられます。

　したがって、この場合は、
①65歳を下回る上限年齢が設定されていないこと
②65歳までは、原則として契約が更新されること（ただし、能力など年齢以外を理由として契約を更新しないことは認められます。）
が必要であると考えられますが、個別の事例に応じて具体的に判断されることとなります。

Q1—5：例えば55歳の時点で、
①従前と同等の労働条件で60歳定年で退職
②55歳以降の労働条件を変更した上で、65歳まで継続して働き続ける
　のいずれかを労働者本人の自由意思により選択するという制度を導入した場合、継続雇用制度を導入したということでよいのでしょうか。

A1—5：高年齢者が希望すれば、65歳まで安定した雇用が確保される仕組みであれば、継続雇用制度を導入していると解釈されるので差し支えありません。

Q1—6：例えば55歳の時点で、
①従前と同等の労働条件で60歳定年で退職

②55歳以降の雇用形態を、65歳を上限とする1年更新の有期労働契約に変更し、55歳以降の労働条件を変更した上で、最大65歳まで働き続ける

のいずれかを労働者本人の自由意思により選択するという制度を導入した場合、継続雇用制度を導入したということでよいのでしょうか。

Ａ１―６：高年齢者が希望すれば、65歳まで安定した雇用が確保される仕組みであれば、継続雇用制度を導入していると解釈されるので差し支えありません。

　なお、１年ごとに雇用契約を更新する形態については、高年齢者雇用安定法の趣旨にかんがみれば、65歳までは、高年齢者が希望すれば、原則として契約が更新されることが必要です。個々のケースにおいて、高年齢者雇用安定法の趣旨に合致しているか否かは、更新条件がいかなる内容であるかなど個別の事例に応じて具体的に判断されることとなります。

Ｑ１―７：継続雇用制度として、再雇用する制度を導入する場合、実際に再雇用する日について、定年退職日から１日の空白があってもだめなのでしょうか。

Ａ１―７：継続雇用制度は、定年後も引き続き雇用する制度ですが、雇用管理の事務手続上等の必要性から、定年退職日の翌日から雇用する制度となっていないことをもって、直ちに法に違反するとまではいえないと考えており、このような制度も「継続雇用制度」として取り扱うことは差し支えありません。ただし、定年後相当期間をおいて再雇用する場合には、「継続雇用制度」といえない場合もあります。

Ｑ１―８：高年齢者雇用確保措置が講じられていない企業については、企業名の公表などは行われるのでしょうか。

A1—8：改正高年齢者雇用安定法においては、高年齢者雇用確保措置が講じられていない企業が、高年齢者雇用確保措置の実施に関する勧告を受けたにもかかわらず、これに従わなかったときは、厚生労働大臣がその旨を公表できることとされていますので、当該措置の未実施の状況などにかんがみ、必要に応じ企業名の公表を行い、各種法令等に基づき、ハローワークでの求人の不受理・紹介保留、助成金の不支給等の措置を講じることにしています。

Q1—9：本人と事業主の間で賃金と労働時間の条件が合意できず、継続雇用を拒否した場合も違反になるのですか。
A1—9：高年齢者雇用安定法が求めているのは、継続雇用制度の導入であって、事業主に定年退職者の希望に合致した労働条件での雇用を義務付けるものではなく、事業主の合理的な裁量の範囲の条件を提示していれば、労働者と事業主との間で労働条件等についての合意が得られず、結果的に労働者が継続雇用されることを拒否したとしても、高年齢者雇用安定法違反となるものではありません。

Q1—10：当社で導入する継続雇用制度では、定年後の就労形態をいわゆるワークシェアリングとし、それぞれ週3日勤務で概ね2人で1人分の業務を担当することを予定していますが、このような継続雇用制度でも高年齢者雇用安定法の雇用確保措置として認められますか。
A1—10：高年齢者の雇用の安定を確保するという高年齢者雇用安定法の趣旨を踏まえたものであり、A1—9にあるとおり事業主の合理的な裁量の範囲の条件であれば、定年後の就労形態をいわゆるワークシェアリングとし、勤務日数や勤務時間を弾力的に設定することは差し支えないと考えられます。

Q1—11：有期契約労働者に関して、就業規則等に一定の年齢（60歳）

に達した日以後は契約の更新をしない旨の定めをしている事業主は、有期契約労働者を対象とした継続雇用制度の導入等を行わなければ、高年齢者雇用安定法第9条違反となるのですか。

A1―11：高年齢者雇用安定法第9条は、主として期間の定めのない労働者に対する継続雇用制度の導入等を求めているため、有期労働契約のように、本来、年齢とは関係なく、一定の期間の経過により契約終了となるものは、別の問題であると考えられます。

　ただし、有期契約労働者に関して、就業規則等に一定の年齢に達した日以後は契約の更新をしない旨の定めをしている場合は、有期労働契約であっても反復継続して契約を更新することが前提となっていることが多いと考えられ、反復継続して契約の更新がなされているときには、期間の定めのない雇用とみなされることがあります。これにより、定年の定めをしているものと解されることがあり、その場合には、65歳を下回る年齢に達した日以後は契約しない旨の定めは、高年齢者雇用安定法第9条違反であると解されます。

　したがって、有期契約労働者に対する雇い止めの年齢についても、高年齢者雇用安定法第9条の趣旨を踏まえ、段階的に引き上げていくことなど、高年齢者雇用確保措置を講じていくことが望ましいと考えられます。

2．就業規則の変更

Q2―1：当社の就業規則では、これまで、基準に該当する者を60歳の定年後に継続雇用する旨を定めていますが、経過措置により基準を利用する場合でも、就業規則を変えなければいけませんか。

A2―1：改正高年齢者雇用安定法では、経過措置として、継続雇用制度の対象者を限定する基準を年金支給開始年齢以上の者について定めることが認められています。したがって、60歳の者は基準を利用する対象とされておらず、基準の対象年齢は3年毎に1歳ずつ引き上げられますので、基準の対象年齢を明確にするため、就業規則

の変更が必要になります。

【希望者全員を65歳まで継続雇用する場合の例】
第○条　従業員の定年は満60歳とし、60歳に達した年度の末日をもって退職とする。ただし、本人が希望し、解雇事由又は退職事由に該当しない者については、65歳まで継続雇用する。

【経過措置を利用する場合の例】
第○条　従業員の定年は満60歳とし、60歳に達した年度の末日をもって退職とする。ただし、本人が希望し、解雇事由又は退職事由に該当しない者であって、高年齢者雇用安定法一部改正法附則第3項に基づきなお効力を有することとされる改正前の高年齢者雇用安定法第9条第2項に基づく労使協定の定めるところにより、次の各号に掲げる基準（以下「基準」という。）のいずれにも該当する者については、65歳まで継続雇用し、基準のいずれかを満たさない者については、基準の適用年齢まで継続雇用する。
(1)　引き続き勤務することを希望している者
(2)　過去○年間の出勤率が○％以上の者
(3)　直近の健康診断の結果、業務遂行に問題がないこと
(4)　○○○○
2　前項の場合において、次の表の左欄に掲げる期間における当該基準の適用については、同表の左欄に掲げる区分に応じ、それぞれ右欄に掲げる年齢以上の者を対象に行うものとする。

平成25年4月1日から平成28年3月31日まで	61歳
平成28年4月1日から平成31年3月31日まで	62歳
平成31年4月1日から平成34年3月31日まで	63歳
平成34年4月1日から平成37年3月31日まで	64歳

Q2-2：就業規則において、継続雇用しないことができる事由を、

解雇事由又は退職事由の規定とは別に定めることができますか。
A2－2：法改正により、継続雇用制度の対象者を限定できる仕組みが廃止されたことから、定年時に継続雇用しない特別な事由を設けている場合は、高年齢者雇用安定法違反となります。ただし、就業規則の解雇事由又は退職事由と同じ内容を、継続雇用しない事由として、別に規定することは可能であり、例えば以下のような就業規則が考えられます。

なお、就業規則の解雇事由又は退職事由のうち、例えば試用期間中の解雇のように継続雇用しない事由になじまないものを除くことは差し支えありません。しかし、解雇事由又は退職事由と別の事由を追加することは、継続雇用しない特別な事由を設けることになるため、認められません。

【就業規則の記載例】

（解雇）

第○条　従業員が次のいずれかに該当するときは、解雇することがある。

① 勤務状況が著しく不良で、改善の見込みがなく、従業員としての職責を果たし得ないとき。

② 精神又は身体の障害により業務に耐えられないとき。

③ ・・・

・・・

（定年後の再雇用）

第△条　定年後も引き続き雇用されることを希望する従業員については、65歳まで継続雇用する。ただし、以下の事由に該当する者についてはこの限りではない。

① 勤務状況が著しく不良で、改善の見込みがなく、従業員としての職責を果たし得ないとき。

② 精神又は身体の障害により業務に耐えられないとき。
③ ・・・
・・・

> 上記の解雇事由①②③…と同一の事由に限られます。

Q2―3：経過措置により継続雇用制度の対象者に係る基準を労使協定で定めた場合は、労働基準監督署に届け出る必要はあるのですか。

A2―3：常時10人以上の労働者を使用する使用者が、継続雇用制度の対象者に係る基準を労使協定で定めた場合には、就業規則の絶対的必要記載事項である「退職に関する事項」に該当することとなります。

このため、労働基準法第89条に定めるところにより、労使協定により基準を策定した旨を就業規則に定め、就業規則の変更を管轄の労働基準監督署に届け出る必要があります。

また、継続雇用制度の対象者に係る基準を定めた労使協定そのものは、労働基準監督署に届け出る必要はありません。

3．継続雇用制度の対象者基準の経過措置

Q3―1：すべての事業主が経過措置により継続雇用制度の対象者を限定する基準を定めることができますか。

A3―1：改正高年齢者雇用安定法では、老齢厚生年金の報酬比例部分の支給開始年齢が段階的に引き上げられることを勘案し、経過措置として、継続雇用制度の対象者を限定する基準を当該支給開始年齢以上の者について定めることを認めています。

この経過措置は、これまで継続雇用制度の対象者を限定できる仕組みを利用していた企業においては、高年齢者雇用安定法の改正に伴い、継続雇用制度の対象を希望者全員とするため、丁寧に企業内の制度を整備していく必要があることから設けられたものです。

したがって、経過措置により継続雇用制度の対象者を限定する基準を定めることができるのは、改正高年齢者雇用安定法が施行されるまで（平成25年3月31日）に労使協定により継続雇用制度の対象者を限定する基準を定めていた事業主に限られます。

Q3—2：改正高年齢者雇用安定法が施行された時点で労使協定により継続雇用制度の対象者を限定する基準を定めていた事業主は、経過措置により当該基準をそのまま利用できますか。
　老齢厚生年金の報酬比例部分の支給開始年齢に合わせて段階的に当該基準の対象者の下限年齢を変更しなければならないのですか。

A3—2：改正高年齢者雇用安定法では、老齢厚生年金の報酬比例部分の支給開始年齢が段階的に引き上げられることを勘案し、経過措置として、継続雇用制度の対象者を限定する基準を当該支給開始年齢以上の者について定めることを認めています。
　この経過措置により継続雇用制度の対象者を限定する基準を定める場合に、当該基準の対象とできるのは、老齢厚生年金の報酬比例部分の支給開始年齢以上の者に限られることから、基準が適用される者を当該支給開始年齢以上の者に限ることを明らかにする労使協定に改めることが望ましいといえます。
　しかし、労使協定を改定せず、継続雇用制度の対象者を限定する基準が適用される者の下限年齢が定められていない場合においても、当該支給開始年齢以上の者のみを対象として当該基準が運用されるのであれば、経過措置の趣旨から、当該基準をそのまま利用することとしても差し支えありません。

Q3—3：継続雇用制度の対象者を限定できる仕組みの廃止の経過措置について、この仕組みの対象者となる下限の年齢を厚生年金（報酬比例部分）の支給開始年齢の引上げスケジュールにあわせ、平成37年4月までに段階的に引き上げることとされていますが、年金の

支給開始年齢の引上げスケジュールは男女で異なっています（女性は5年遅れ）。経過措置の対象年齢も男女で異なることになるのでしょうか。

A3−3：経過措置の対象年齢は、「男性」の年金（報酬比例部分）の支給開始年齢の引上げスケジュールにあわせ、平成37年4月までに段階的に引き上げることとされています。

　御指摘のとおり、年金の支給開始年齢の引上げスケジュールは男女で異なってはいますが、経過措置の対象年齢については男女で異なるものではなく、同一となっています。

　なお、男女別の定年を定めることや継続雇用制度の対象を男性のみとするなど、労働者が女性であることを理由として男性と異なる取扱いをすることは、男女雇用機会均等法において禁止されています。

Q3−4：経過措置により労使協定による継続雇用制度の対象者の基準を維持する場合、基準に該当しない者については、基準の対象年齢に到達した後は雇用を継続しないこととしてよいでしょうか。また、基準該当性の判断はどの時点で行わなければならないのでしょうか。

A3−4：基準自体には具体性・客観性が求められますが、基準に該当しない者について基準の対象年齢に到達した後は雇用を継続しないことをもって、高年齢者雇用安定法違反になることはありません。

　また、継続雇用制度の対象者の基準に該当するか否かを判断する時点は、基準の具体的な内容に左右されるものであり、この基準は労使協定により定められるものであることから、基準該当性の判断時点をいつにするか、例えば基準対象年齢の直前とするか、あるいは定年時点などとするかについても、労使の判断に委ねられていると考えられます。

Q3−5：改正高年齢者雇用安定法が施行された後に継続雇用制度の対象者を限定する基準を定める労使協定を変更して結び直すことは

できますか。

A3―5：改正高年齢者雇用安定法では、老齢厚生年金の報酬比例部分の支給開始年齢が段階的に引き上げられることを勘案し、経過措置として、継続雇用制度の対象者を限定する基準を当該支給開始年齢以上の者について定めることを認めています。

　この経過措置により継続雇用制度の対象者を限定する基準を定めることができるのは、改正高年齢者雇用安定法が施行されるまで（平成25年3月31日）に労使協定により継続雇用制度の対象者を限定する基準を定めていた事業主に限られます。

　経過措置により基準を定める場合、これまでの労使協定をそのまま利用することのほかに、内容を変更して新たに労使協定を締結して、新たな基準を定めることもできますが、この場合も、具体性・客観性を備えた基準とすることが求められます。

Q3―6：経過措置により継続雇用制度の対象者を限定する基準を定める労使協定には、一定の期限を定めなければならないのですか。また、経過措置期間中に、労使協定の期限が切れた場合、引き続き基準を利用するために、新たに労使協定を締結することはできないのですか。

A3―6：改正高年齢者雇用安定法では、老齢厚生年金の報酬比例部分の支給開始年齢が段階的に引き上げられることを勘案し、経過措置として、継続雇用制度の対象者を限定する基準を当該支給開始年齢以上の者について定めることを認めています。

　この経過措置では、継続雇用制度の対象者を限定する基準の有効期間について定めていないため、当該労使協定の一定の期限を定めることも定めないこともできると考えられますが、いずれにしても、経過措置は平成37年3月31日までであることに留意が必要です。

　なお、経過措置期間中に、継続雇用制度の対象者を限定する基準を定める労使協定の期限が切れた場合、引き続き基準を利用するた

めには、新たに労使協定を締結する必要があります。

Q3―7：経過措置により継続雇用制度の対象者を限定する基準を労使協定で定める場合、労使協定は、事業所ごとに結ぶ必要があるのでしょうか。企業単位で労使協定を結ぶことは可能でしょうか。
A3―7：「事業所」とは、本規定の適用事業として決定される単位であり、数事業所を擁する企業にあっても、協定はそれぞれの事業所ごとに締結されなければなりません。
　ただし、
①企業単位で継続雇用制度を運用しており、
②各事業所ごとの過半数労働組合等のすべてが内容に同意している
　（又は、すべてが労使協定の労側当事者として加わっている等）
場合まで、企業単位で労使協定を結ぶことを排除する趣旨ではありません。

4．経過措置により労使協定で定める基準の内容
Q4―1：経過措置により労使協定で定める継続雇用制度の対象者を限定する基準とはどのようなものなのですか。
A4―1：労使協定で定める基準の策定に当たっては、労働組合等と事業主との間で十分に協議の上、各企業の実情に応じて定められることを想定しており、その内容については、原則として労使に委ねられるものです。
　ただし、労使で十分に協議の上、定められたものであっても、事業主が恣意的に継続雇用を排除しようとするなど本改正の趣旨や、他の労働関連法規に反する又は公序良俗に反するものは認められません。
【適切ではないと考えられる例】
『会社が必要と認めた者に限る』（基準がないことと等しく、これのみでは本改正の趣旨に反するおそれがある）

『上司の推薦がある者に限る』（基準がないことと等しく、これのみでは本改正の趣旨に反するおそれがある）
『男性（女性）に限る』（男女差別に該当）
『組合活動に従事していない者』（不当労働行為に該当）

なお、継続雇用制度の対象となる高年齢者に係る基準については、以下の点に留意して策定されたものが望ましいと考えられます。

①意欲、能力等をできる限り具体的に測るものであること（具体性）
　労働者自ら基準に適合するか否かを一定程度予見することができ、到達していない労働者に対して能力開発等を促すことができるような具体性を有するものであること。

②必要とされる能力等が客観的に示されており、該当可能性を予見することができるものであること（客観性）
　企業や上司等の主観的な選択ではなく、基準に該当するか否かを労働者が客観的に予見可能で、該当の有無について紛争を招くことのないよう配慮されたものであること。

Ｑ４―２：経過措置による継続雇用制度の対象者に係る基準として、「会社が必要と認める者」や「上司の推薦がある者」を定めることは認められますか。

Ａ４―２：「会社が必要と認める者」や「上司の推薦がある者」というだけでは基準を定めていないことに等しく、高年齢者雇用安定法の趣旨を没却してしまうことになりますので、より具体的なものにしていただく必要があります。

　したがって、このような不適切な事例については、公共職業安定所において、必要な報告徴収が行われるとともに、個々の事例の実態に応じて、助言・指導、勧告、企業名の公表の対象となります。

Ｑ４―３：経過措置による継続雇用制度の対象者に係る基準として、「過去〇年間の人事考課が〇以上である者であって、かつ、会社が必要

と認める者」というように組み合わせの一つとしてQ４−２にあるような基準を含めることは可能ですか。

A４―３：継続雇用制度の対象者に係る基準の策定に当たっては、労使間で十分協議の上、各企業の実情に応じて定められることを想定しておりますが、労使で十分に協議の上、定められたものであっても、事業主が恣意的に継続雇用を排除しようとするなど、高年齢者雇用安定法の趣旨に反するものは認められません。

　質問の基準の組み合わせについて言えば、たとえ「過去○年間の人事考課が○以上である者」という要件を満たしていても、さらに「会社が必要と認める者」という要件も満たす必要があり、結果的に事業主が恣意的に継続雇用を排除することも可能となるため、このような基準の組み合わせは、高年齢者雇用安定法の趣旨にかんがみて、適当ではないと考えられます。

　なお、例えば、「過去○年間の人事考課が○以上である者、又は、会社が必要と認める者」とした場合については、「過去○年間の人事考課が○以上である者」は対象となり、その他に「会社が必要と認める者」も対象となると考えられるため、高年齢者雇用安定法違反とまではいえません。

Q４―４：経過措置による継続雇用制度の対象者に係る基準として、「協調性のある者」や「勤務態度が良好な者」という基準を設けることはできますか。

A４―４：高年齢者雇用安定法の趣旨にかんがみれば、より具体的かつ客観的な基準が定められることが望ましいと考えられますが、労使間で十分協議の上定められたものであれば、高年齢者雇用安定法違反とまではいえません。

Q４―５：経過措置による継続雇用制度の対象者に係る基準を定めるにあたり、労使協定で定めた場合、非組合員や管理職も当該協定が

適用されるのでしょうか。

A4-5:非組合員や管理職も含め、すべての労働者に適用されることとなります。

Q4-6:労使協定では、通常、労働組合の対象者（組合員）のみを念頭に規定するので、労働組合法上の労働組合に加入できない管理職については労使協定で、『定年時に管理職であった労働者については、別途就業規則で定める』と定め、別途就業規則で、経過措置による継続雇用制度の対象者に係る基準を定めることは可能ですか。

A4-6:過半数を代表する労働組合と労使協定を結ぶことを求めているのは、基準について労働者の過半数の団体意思を反映させるとともに、使用者による恣意的な対象者の限定を防ぐことにあります。

このため、定年時に管理職であった労働者についても基準を定める場合には、過半数を代表する労働組合等との労使協定の中で定めていただく必要があります。

なお、管理職を対象に含む基準が労使協定の中で定められていなければ、管理職については、高年齢者雇用安定法の要件を満たす基準が設定されていないので、希望者全員を継続雇用制度の対象としなければ、公共職業安定所において指導を行っていくこととなります。

Q4-7:労使協定で、特定の職種についてのみ規定することとし、他の職種については労使協定で、『○○職であった労働者については、別途就業規則で定める』と定め、別途就業規則で、経過措置による継続雇用制度の対象者に係る基準を定めることは可能ですか。

A4-7:過半数を代表する労働組合と労使協定を結ぶことを求めているのは、基準について労働者の過半数の団体意思を反映させるとともに、使用者による恣意的な対象者の限定を防ぐことにあります。

このため、労使協定で対象とする特定の職種以外の他の職種であった労働者についても基準を定める場合には、過半数を代表する労

働組合等との労使協定の中で定めていただく必要があります。
　なお、当該他の職種を対象に含む基準が労使協定の中で定められていなければ、当該他の職種については、高年齢者雇用安定法の要件を満たす基準が設定されていないので、希望者全員を継続雇用制度の対象としなければ、公共職業安定所において指導を行っていくこととなります。

Ｑ４—８：職種別に異なる基準や管理職であるか否かによって異なる基準を定めることは可能ですか。

Ａ４—８：継続雇用制度の対象者に係る基準の策定に当たっては、労使間で十分協議の上、各企業の実情に応じて定められることを想定しておりますので、労使間で十分に話し合っていただき、労使納得の上で労使協定により定めたものであり、基準の対象年齢が経過措置として認められている範囲のものであれば、高年齢者雇用安定法違反とはなりません。

Ｑ４—９：経過措置による継続雇用制度の対象者に係る基準として、「○○職（特定の職種）の者」や「定年退職時に管理職以外の者」という基準を設け、特定の職種や管理職以外の者のみを継続雇用する制度は可能ですか。

Ａ４—９：高年齢者雇用安定法の規定からは可能ですが、高年齢者が年齢にかかわりなく働き続けることのできる環境を整備するという高年齢者雇用安定法の趣旨にかんがみれば、職種や管理職か否かによって選別するのではなく、意欲と能力のある限り継続雇用されることが可能であるような基準が定められることが望ましいと考えていますので、各企業で基準を定める場合においても、高年齢者雇用安定法の趣旨を踏まえて、労使で十分話し合っていただき、できる限り多くの労働者が65歳まで働き続けることができるような仕組みを設けていただきたいと考えています。

Q4―10：当社においては、男女労働者の間に事実上の格差が生じているため、経過措置による継続雇用制度の対象者に係る基準について、男女同じ基準を適用した場合、当該基準を満たす女性労働者はほとんどいなくなってしまいます。
　このため、継続雇用される男女の比率が同程度となるよう、継続雇用制度の対象者に係る基準を男女別に策定したいと考えていますが、問題はあるでしょうか。

A4―10：男女労働者の間に事実上の格差が生じているなど、雇用の分野における男女の均等な機会及び待遇の確保の支障となっている事情がある場合には、当該事情を改善することを目的として、男性労働者と比較して女性労働者を有利に取り扱う基準を定めることは、男女雇用機会均等法第9条の要請に合致していると考えられるため違法とはいえないと考えられます。
　ただし、当該事情の存否の判断については、女性労働者が男性労働者と比較して相当程度少ない状況にあるなど、男女雇用機会均等法に基づき考慮すべき事項等がありますので、男女雇用機会均等法の考え方については、お近くの雇用均等室までお問い合わせ下さい。

Q4―11：当社においては、継続雇用制度の導入に当たり、障害のある高齢者の継続雇用を積極的に進めたいと考えています。このため、経過措置による継続雇用制度の対象者に係る基準として、体力等に関する基準を定める際、障害者については当該基準を適用しなかったり、異なる基準を設けたりすることは可能ですか。

A4―11：障害者の雇用の促進等に関する法律（昭和35年法律第123号）により、事業主は障害者である労働者が有為な職業人として自立しようとする努力に対して協力する責務を有し、その有する能力を正当に評価し、適当な雇用の場を与えるとともに適正な雇用管理を行うことによりその雇用の安定を図るように努めることとされている

ことから、継続雇用制度導入に際し、障害者を優先することは適切な対応であり、健常者についての体力等に関する基準を免除したり、緩和することは差し支えありません。

Q4―12：Q4－1のとおり経過措置により継続雇用制度の対象者に係る具体性・客観性のある基準を定めたのですが、その基準に該当する者全員の雇用を確保しなければ、高年齢者雇用安定法に定める高年齢者雇用確保措置を講じたものとは解釈されないのでしょうか。

A4―12：継続雇用制度の対象者の基準に該当する者であるにもかかわらず継続雇用し得ない場合には、基準を定めたこと自体を無意味にし、実態的には企業が上司等の主観的選択によるなど基準以外の手段により選別することとなるため、貴見のとおり高年齢者雇用安定法に定める高年齢者雇用確保措置を講じたものとは解釈されません。

5　継続雇用先の範囲の拡大

Q5―1：継続雇用先の範囲をグループ会社にまで拡大する特例において、グループ会社とされる特殊関係事業主とは、どのような関係の事業主を指すのですか。

A5―1：継続雇用先の範囲を拡大する特例において、特殊関係事業主とされるのは、
①元の事業主の子法人等、
②元の事業主の親法人等、
③元の事業主の親法人等の子法人等、
④元の事業主の関連法人等、
⑤元の事業主の親法人等の関連法人等
のグループ会社です。

　他社を自己の子法人等とする要件は、当該他社の意思決定機関を支配しているといえることです。具体的には、図1に示す親子法人

等関係の支配力基準を満たすことです。

【図1】

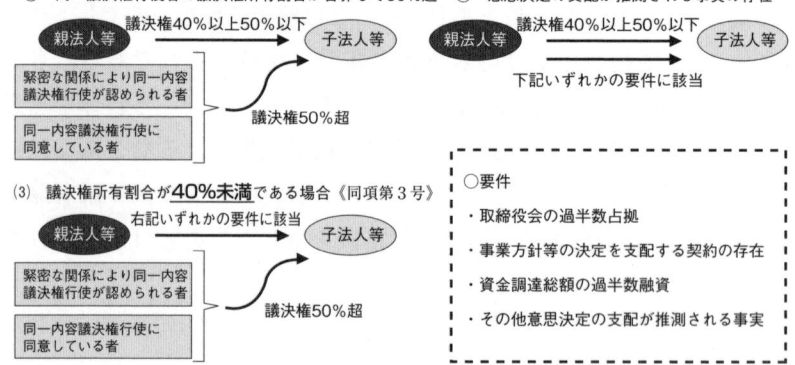

―― 親子法人等関係（支配力基準）《規則第4条の3第2項》

(1) 議決権所有割合が**過半数**である場合《同項第1号》

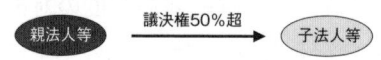

親法人等 →議決権50%超→ 子法人等

(2) 議決権所有割合が**40%以上50%以下**である場合《同項第2号》

① 同一議決権行使者の議決権所有割合が合算して50%超　② 意思決定の支配が推測される事実の存在

親法人等 →議決権40%以上50%以下→ 子法人等
緊密な関係により同一内容議決権行使が認められる者
同一内容議決権行使に同意している者
→議決権50%超→

親法人等 →議決権40%以上50%以下→ 子法人等
下記いずれかの要件に該当

(3) 議決権所有割合が**40%未満**である場合《同項第3号》

親法人等 →右記いずれかの要件に該当→ 子法人等
緊密な関係により同一内容議決権行使が認められる者
同一内容議決権行使に同意している者
→議決権50%超→

○要件
・取締役会の過半数占拠
・事業方針等の決定を支配する契約の存在
・資金調達総額の過半数融資
・その他意思決定の支配が推測される事実

また、他社を自己の関連法人等とする要件は、当該他社の財務及び営業又は事業の方針の決定に対して重要な影響を与えることができることです。具体的には、図2に示す関連法人等関係の影響力基準を満たすことです。

【図2】

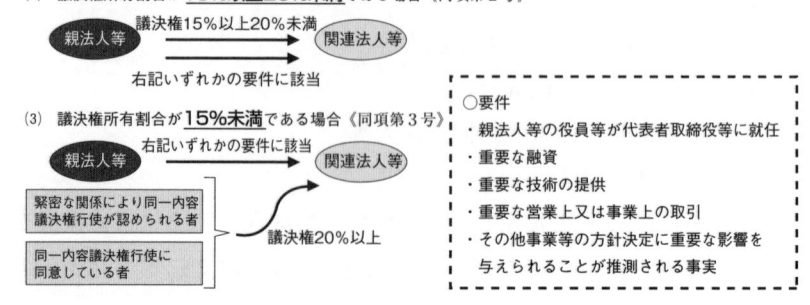

―― 関連法人等関係（影響力基準）《規則第4条の3第4項》

(1) 議決権所有割合が**20%以上**である場合《同項第1号》

親法人等 →議決権20%以上→ 関連法人等

(2) 議決権所有割合が**15%以上20%未満**である場合《同項第2号》

親法人等 →議決権15%以上20%未満→ 関連法人等
右記いずれかの要件に該当

(3) 議決権所有割合が**15%未満**である場合《同項第3号》

親法人等 →右記いずれかの要件に該当→ 関連法人等
緊密な関係により同一内容議決権行使が認められる者
同一内容議決権行使に同意している者
→議決権20%以上→

○要件
・親法人等の役員等が代表者取締役等に就任
・重要な融資
・重要な技術の提供
・重要な営業上又は事業上の取引
・その他事業等の方針決定に重要な影響を与えられることが推測される事実

Q5—2：継続雇用先の範囲をグループ会社にまで拡大する特例を利用するために、グループ会社との間でどのような契約を締結すればよいのですか。

A5—2：継続雇用先の範囲をグループ会社にまで拡大する特例を利用するためには、元の事業主と特殊関係事業主との間で「継続雇用制度の対象となる高年齢者を定年後に特殊関係事業主が引き続いて雇用することを約する契約」を締結することが要件とされており、特殊関係事業主は、この事業主間の契約に基づき、元の事業主の定年退職者を継続雇用することとなります。

事業主間の契約を締結する方式は自由ですが、紛争防止の観点から、書面によるものとすることが望ましいと考えられます。書面による場合、例えば、以下のような契約書が考えられます。

（参考）
継続雇用制度の特例措置に関する契約書（例）

○○○○株式会社（以下「甲」という。）、○○○○株式会社（以下「乙1」という。）及び○○○○株式会社（以下「乙2」といい、乙1及び乙2を総称して「乙」という。）は、高年齢者等の雇用の安定等に関する法律（昭和46年法律第68号。以下「高齢者雇用安定法」という。）第9条第2項に規定する契約として、次のとおり契約を締結する（以下「本契約」という。）。

第1条　乙は、甲が高齢者雇用安定法第9条第1項第2号に基づきその雇用する高年齢者の65歳までの安定した雇用を確保するための措置として導入する継続雇用制度を実施するため、甲の継続雇用制度の対象となる労働者であってその定年後も雇用されることを希望する者（次条において「継続雇用希望者」という。）を、その定年後に乙が引き続いて雇用する制度を導入する。

第2条　乙は、甲が乙に継続雇用させることとした継続雇用希望者に対し、乙が継続雇用する主体となることが決定した後、当該者の定年後の雇用に係る労働契約の申込みを遅滞なく行うものとする。

第3条　第1条の規定に基づき乙1又は乙2が雇用する労働者の労働条件は、乙1又は乙2が就業規則等により定める労働条件による。

以上、本契約の成立の証として本書3通を作成し、甲、乙1、乙2各自1通を保有する。

平成　年　月　日

　（甲）東京都○○○
株式会社○○○○
代表取締役○○　○○　㊞

　（乙1）東京都○○○
株式会社○○○○
代表取締役○○　○○　㊞

　（乙2）東京都○○○
株式会社○○○○
代表取締役○○　○○　㊞

Q5－3：特殊関係事業主の要件は、どの時点で満たす必要がありますか。

A5－3：契約の相手方たる要件である以上、まず契約を締結する時点で、その要件を満たす必要があり、加えて、法律上、契約の内容として「特殊関係事業主が引き続いて雇用すること」が求められていることから、労働者が特殊関係事業主において雇用され始める時点でも特殊関係事業主たる要件を満たす必要があります。

Q5－4：継続雇用先の範囲をグループ会社にまで拡大する特例を利用する場合、そのグループ会社はどのような労働条件を提示しなければならないのでしょうか。

A5－4：継続雇用先の範囲をグループ会社にまで拡大する特例を利用するためには、元の事業主とグループ会社（特殊関係事業主）と

の間で「継続雇用制度の対象となる高年齢者を定年後に特殊関係事業主が引き続いて雇用することを約する契約」を締結することが要件とされており、特殊関係事業主は、この事業主間の契約に基づき、元の事業主の定年退職者を継続雇用することとなります。

　この場合において、特殊関係事業主が継続雇用する場合に提示する労働条件についても、高年齢者雇用安定法の趣旨に反するものであってはなりませんが、労働者の希望に合致した労働条件の提示までを求めているわけではありません。

　このため、最低賃金などの雇用に関するルールの範囲内で、フルタイム、パートタイムなどの労働時間、賃金、待遇などに関して、特殊関係事業主と労働者との間で継続雇用後の労働条件を決めることができると考えられます。

　なお、特殊関係事業主が合理的な裁量の範囲の条件を提示していれば、労働者と特殊関係事業主との間で労働条件等についての合意が得られず、結果的に労働者が継続雇用されることを拒否したとしても、特殊関係事業主はもとより、元の事業主が高年齢者雇用安定法違反となるものではありません。

Q5―5：継続雇用先の範囲をグループ会社にまで拡大する特例の利用によりグループ会社として他の事業主の定年退職者を雇用することとされている場合には、自社の継続雇用制度により雇用する自社の定年退職者よりも優遇して取り扱わなければならないのですか。

A5―5：継続雇用先の範囲をグループ会社にまで拡大する特例を利用するためには、元の事業主とグループ会社（特殊関係事業主）との間で「継続雇用制度の対象となる高年齢者を定年後に特殊関係事業主が引き続いて雇用することを約する契約」を締結することが要件とされており、特殊関係事業主は、この事業主間の契約に基づき、元の事業主の定年退職者を継続雇用することとなります。

　このため、継続雇用先の範囲を特殊関係事業主にまで拡大する特

例の利用により特殊関係事業主として他の事業主の定年退職者を継続雇用することとされている場合にも、個別の合意により具体的な労働条件が定まるのであり、これは、自社の定年退職者を継続雇用する場合と同様です。

　したがって、自社の定年退職者を継続雇用する場合についても、特殊関係事業主として他の事業主の定年退職者を継続雇用する場合についても、労働者と事業主の関係は、個別の合意により定まるのであって、どちらか一方を他方よりも優遇して取り扱わなければならないことはありません。

Q5－6：継続雇用先の範囲をグループ会社にまで拡大する特例を利用する場合、継続雇用制度の対象者を自社で雇用するか他社で雇用するかの基準を設けても構わないのですか。

A5－6：継続雇用先の範囲を拡大する特例を利用する場合に、継続雇用制度の対象者を自社で雇用するか他社で雇用させるかについては、継続雇用制度を運用する中で事業主が判断することができます。このとき、継続雇用制度の対象者を自社で雇用するか他社で雇用させるかを判断するための基準を事業主は就業規則や労使協定等で設けることもできます。

　今回の高年齢者雇用安定法の改正で継続雇用制度の対象者を限定できる仕組みが廃止されたことに伴い、継続雇用制度は希望者全員を対象とするものとしなければなりませんが、継続雇用制度の対象者を自社で雇用するか他社で雇用させるかを判断するための基準を設けた場合でも、こうした基準は、継続雇用制度の対象者を限定する基準ではなく、継続雇用制度の対象者がどこに雇用されるかを決めるグループ内の人員配置基準であるので、高年齢者雇用確保措置の義務違反とはなりません。

Q5－7：継続雇用先をグループ会社にする場合、グループ会社の範

囲であれば、例えば海外子会社など、遠隔地にある会社であっても、差し支えないでしょうか。

Ａ５－７：グループ会社（特殊関係事業主）は、Ａ５－１に示した範囲であれば、それがたとえ遠隔地にある会社であったとしても、そのことだけで高年齢者雇用確保措置義務違反になることはありません。

　グループ会社も含めた継続雇用制度で継続雇用する場合に、事業主が提示する継続雇用先については、自社で継続雇用する場合の労働条件と同様に、労働者の希望に合致した労働条件までは求められていませんが、法の趣旨を踏まえた合理的な裁量の範囲内のものであることが必要と考えられます。

Ｑ５－８：継続雇用先をグループ会社にすることを考えていますが、当社の定める就業規則とグループ会社の定める就業規則とでは解雇事由に差異があり、グループ会社の定める解雇事由の方がより解雇事由が広いものとなっています。この場合、当社の定年到達者をグループ会社において継続雇用するかどうかの判断に、グループ会社の解雇事由を用いてもよいでしょうか。それとも、当社で継続雇用するのと同様に、当社の解雇事由を用いる必要があるのでしょうか。

Ａ５－８：継続雇用制度は、「現に雇用している高年齢者が希望するときは、当該高年齢者をその定年後も引き続いて雇用する制度」であり、この定義は平成24年の法改正の前後で変更はありません。

　また、継続雇用するかどうかを判断する主体は、従来と同様、当該高年齢者を定年まで雇用していた元の事業主です。

　したがって、お尋ねの場合で高年齢者を継続雇用するか否かは、継続雇用する主体にかかわらず、まず御社が自社の就業規則に定める解雇事由・退職事由に基づいて判断し、継続雇用することにした場合に、雇用先としてグループ会社を利用するということになります。

Ｑ５－９：当社では、経過措置により継続雇用制度の対象者に係る基

準を定めているとともに、継続雇用先をグループ会社にまで広げています。定年到達者をグループ会社で継続雇用することにした場合、この定年到達者が経過措置で基準の利用が認められている年齢に達したときに、このグループ会社は、当社の基準を用いなければならないのでしょうか。

A5―9：グループ会社は、御社との間の契約に基づき、高年齢者の65歳までの雇用を確保する措置を講じる義務を負い、御社の定年到達者に雇用の機会を提供することになります。

　このとき、御社との間の契約内容に、経過措置による継続雇用制度の対象者に係る御社の基準を用いる旨が盛り込まれていれば、グループ会社は、グループ会社自身の基準の有無にかかわらず、その契約内容に基づいて御社の基準を用いることになると考えられます。

　なお、契約内容に御社の基準の利用が盛り込まれているか否かにかかわらず、グループ会社による継続雇用が一年ごとに労働契約を更新する形態で行われる場合、グループ会社は、有期労働契約のルールに則って、更新基準を設けることができると考えられます。ただし、年齢のみを理由として65歳前に雇用を終了させるような更新基準は、事業主間の契約に基づく制度を継続雇用制度に含めた法の趣旨に反し、適当ではありません。

参考2　高年齢者等の雇用の安定等に関する法律の一部を改正する法律等の施行について

職発1109第2号
平成24年11月9日

各都道府県労働局長殿

厚生労働省職業安定局長
（　公　印　省　略　）

高年齢者等の雇用の安定等に関する法律の一部を
改正する法律等の施行について

　高年齢者等の雇用の安定等に関する法律の一部を改正する法律（平成24年法律第78号。以下「改正法」という。）については、平成24年9月5日に公布され、同日付け職発第0905第2号「高年齢者等の雇用の安定等に関する法律の一部を改正する法律について」により貴職あて通達したところである。また、本日、高年齢者等の雇用の安定等に関する法律施行規則の一部を改正する省令（平成24年厚生労働省令第154号。以下「改正省令」という。［別添1］参照。）、高年齢者等職業安定対策基本方針（平成24年厚生労働省告示第559号。以下「基本方針」という。［別添2］参照。）及び高年齢者雇用確保措置の実施及び運用に関する指針（平成24年厚生労働省告示第560号。以下「指針」という。［別添3］参照。）が公布され、改正省令については平成25年4月1日から施行され、基本方針及び指針については同日から適用されることとされた。

　改正法による改正後の高年齢者等の雇用の安定等に関する法律（昭和46年法律第68号。以下「法」という。）、改正省令による改正後の高年齢者等の雇用の安定等に関する法律施行規則（昭和46年労働省令第24号。以下「則」という。）、基本方針及び指針の内容等については、下記のとおりであるので、これに十分留意の上、その円滑な施行につ

いて遺漏のないよう特段の御配慮をお願いする。

記

第1 継続雇用制度の対象者を限定できる仕組みの廃止等
  1 改正の趣旨
    少子高齢化が急速に進展する中、労働力人口の減少に対応し、経済と社会を発展させるため、高年齢者をはじめ働くことができる全ての人が社会を支える全員参加型社会の実現が求められている。また、現在の年金制度に基づき平成25年度から特別支給の老齢厚生年金の報酬比例部分（以下「厚生年金報酬比例部分」という。）の支給開始年齢が段階的に引き上げられることから、現状のままでは、無年金・無収入となる者が生じる可能性がある。
    このような状況を踏まえ、継続雇用制度の対象となる高年齢者につき事業主が労使協定により定める基準により限定できる仕組みを廃止するなどの改正を行ったものである。

  2 継続雇用制度の対象者を限定できる仕組みの廃止（法第9条第2項及び改正法附則第3項）
    事業主は、事業所に、労働者の過半数で組織する労働組合がある場合においてはその労働組合、労働者の過半数で組織する労働組合がない場合においては労働者の過半数を代表する者との書面による協定により、継続雇用制度の対象となる高年齢者に係る基準を定め、当該基準に基づく制度を導入したときは、継続雇用制度を導入したものとみなすものとしている仕組みを廃止することとしたこと。
    また、経過措置により、平成37年3月31日までの間、継続雇用制度の対象となる高年齢者に係る基準を厚生年金報酬比例部分の支給開始年齢以上の者を対象に、利用することができることとし

たこと。

3 継続雇用制度の対象者が雇用される企業の範囲の拡大
(1) 継続雇用制度における事業主間の契約（法第9条第2項）
　継続雇用制度には、事業主が、特殊関係事業主（当該事業主の経営を実質的に支配することが可能となる関係にある事業主その他の当該事業主と特殊の関係のある事業主として厚生労働省令で定める事業主）との間で、当該事業主の雇用する高年齢者であってその定年後に雇用されることを希望するものをその定年後に当該特殊関係事業主が引き続いて雇用することを約する契約を締結し、当該契約に基づき当該高年齢者の雇用を確保する制度が含まれることとしたこと。

(2) 特殊関係事業主の範囲（則第4条の3）
　ⅰ) 厚生労働省令で定める事業主
　　法第9条第2項に規定する厚生労働省令で定める事業主は、次に掲げる者としたこと。
　① 当該事業主の子法人等
　② 当該事業主を子法人等とする親法人等
　③ 当該事業主を子法人等とする親法人等の子法人等（当該事業主、①及び②に掲げる者を除く。)
　④ 当該事業主の関連法人等
　⑤ 当該事業主を子法人等とする親法人等の関連法人等（④に掲げる者を除く。)

　ⅱ) 親法人等
　　則第4条の3に規定する「親法人等」について、次の①から③までに掲げる法人等（会社、組合その他これらに準ずる事業体（外国におけるこれらに相当するものを含む。）をいう。

以下同じ。）とすること。

　ただし、財務上又は営業上若しくは事業上の関係からみて他の法人等の財務及び営業又は事業の方針を決定する機関（株主総会その他これに準ずる機関をいう。以下「意思決定機関」という。）を支配していないことが明らかであると認められるときは、この限りでない。

① 他の法人等（破産手続開始の決定、再生手続開始の決定又は更生手続開始の決定を受けた他の法人等その他これらに準ずる他の法人等であって、有効な支配従属関係が存在しないと認められるものを除く。以下このⅱにおいて同じ。）の議決権の過半数を自己の計算において所有している法人等

② 他の法人等の議決権の100分の40以上、100分の50以下を自己の計算において所有している法人等であって、次のイからホまでに掲げるいずれかの要件に該当するもの。

　　イ　当該法人等が自己の計算において所有している議決権と当該法人等と出資、人事、資金、技術、取引等において緊密な関係があることにより当該法人等の意思と同一の内容の議決権を行使すると認められる者及び当該法人等の意思と同一の内容の議決権を行使することに同意している者が所有している議決権とを合わせて、当該他の法人等の議決権の過半数を占めていること。

　　ロ　当該法人等の役員、業務を執行する社員若しくは使用人である者、又はこれらであった者であって当該法人等が当該他の法人等の財務及び営業又は事業の方針の決定に関して影響を与えることができるものが、当該他の法人等の取締役会その他これに準ずる機関の構成員の過半数を占めていること。

　　ハ　当該法人等と当該他の法人等との間に当該他の法人等

の重要な財務及び営業又は事業の方針の決定を支配する契約等が存在すること。
ニ 当該他の法人等の資金調達額（貸借対照表の負債の部に計上されているものに限る。）の総額の過半について当該法人等が融資（債務の保証及び担保の提供を含む。以下同じ。）を行っていること（当該法人等と出資、人事、資金、技術、取引等において緊密な関係のある者が行う融資の額を合わせて資金調達額の総額の過半となる場合を含む。）。
ホ その他当該法人等が当該他の法人等の意思決定機関を支配していることが推測される事実が存在すること。

③ 法人等が自己の計算において所有している議決権と当該法人等と出資、人事、資金、技術、取引等において緊密な関係があることにより当該法人等の意思と同一の内容の議決権を行使すると認められる者及び当該法人等の意思と同一の内容の議決権を行使することに同意している者が所有している議決権とを合わせて、他の法人等の議決権の過半数を占めている場合（当該法人等が自己の計算において議決権を所有していない場合を含む。）における当該法人等であって、②ロからホまでに掲げるいずれかの要件に該当するもの。

ⅲ) 子法人等

則第4条の3に規定する「子法人等」とは、親法人等によりその意思決定機関を支配されている他の法人等をいうこと。この場合において、親法人等及び子法人等又は子法人等が他の法人等の意思決定機関を支配している場合における当該他の法人等は、その親法人等の子法人等とみなす。

ⅳ）関連法人等

則第４条の３に規定する「関連法人等」について、次の①から③までに掲げるものとすること。ただし、財務上又は営業上若しくは事業上の関係からみて法人等（当該法人等の子法人等を含む。）が子法人等以外の他の法人等の財務及び営業又は事業の方針の決定に対して重要な影響を与えることができないことが明らかであると認められるときは、この限りでない。

① 法人等（当該法人等の子法人等を含む。）が子法人等以外の他の法人等（破産手続開始の決定、再生手続開始の決定又は更生手続開始の決定を受けた子法人等以外の他の法人等その他これらに準ずる子法人等以外の他の法人等であって、当該法人等がその財務及び営業又は事業の方針の決定に対して重要な影響を与えることができないと認められるものを除く。以下同じ。）の議決権の100分の20以上を自己の計算において所有している場合における当該子法人等以外の他の法人等

② 法人等（当該法人等の子法人等を含む。）が子法人等以外の他の法人等の議決権の100分の15以上、100分の20未満を自己の計算において所有している場合における当該子法人等以外の他の法人等であって、次のイからホまでに掲げるいずれかの要件に該当するもの

　イ　当該法人等の役員、業務を執行する社員若しくは使用人である者、又はこれらであった者であって当該法人等がその財務及び営業又は事業の方針の決定に関して影響を与えることができるものが、その代表取締役、取締役又はこれらに準ずる役職に就任していること。

　ロ　当該法人等から重要な融資を受けていること。

　ハ　当該法人等から重要な技術の提供を受けていること。

　　　　ニ　当該法人等との間に重要な販売、仕入れその他の営業
　　　　　上又は事業上の取引があること。
　　　　ホ　その他当該法人等がその財務及び営業又は事業の方針
　　　　　の決定に対して重要な影響を与えることができることが
　　　　　推測される事実が存在すること。
　　③　法人等（当該法人等の子法人等を含む。）が自己の計算
　　　において所有している議決権と当該法人等と出資、人事、
　　　資金、技術、取引等において緊密な関係があることにより
　　　当該法人等の意思と同一の内容の議決権を行使すると認め
　　　られる者及び当該法人等の意思と同一の内容の議決権を行
　　　使することに同意している者が所有している議決権とを合
　　　わせて、子法人等以外の他の法人等の議決権の100分の20
　　　以上を占めている場合（当該法人等が自己の計算において
　　　議決権を所有していない場合を含む。）における当該子法
　　　人等以外の他の法人等であって、②イからホまでに掲げる
　　　いずれかの要件に該当するもの。

4　公表等（法第10条第3項）
　　厚生労働大臣は、事業主に対し高年齢者雇用確保措置に関する
　勧告をした場合において、その勧告を受けた者がこれに従わなか
　ったときは、その旨を公表することができることとしたこと。

5　再就職援助措置の対象となる高年齢者等の範囲等（則第6条第
　2項）
　　法第15条第1項の厚生労働省令で定める理由は、改正法附則第
　3項の規定によりなおその効力を有することとされる同法による
　改正前の法第9条第2項の継続雇用制度の対象となる高年齢者に
　係る基準を定めた場合における当該基準に該当しなかったことそ
　の他事業主の都合とすること。

6 高年齢者雇用状況報告書（則様式第2号）
　則第33条の高年齢者の雇用状況の報告の様式は、高年齢者雇用状況報告書（則様式第2号。［別添4］参照。）とすること。

第2　高年齢者等職業安定対策基本方針（法第6条第2項）
　高年齢者等職業安定対策基本方針に定めるべき高年齢者の雇用の機会の増大の目標に関する事項について、当該高年齢者を65歳未満に限定しないこととしたこと。また、法第9条の事業主が講ずべき同条に規定する高年齢者雇用確保措置に関して、その適切かつ有効な実施を図るため必要な指針となるべき事項を削除することとしたこと。

1　趣旨
　改正法の趣旨等を踏まえ、高年齢者等の雇用・就業についての目標及び施策の基本的考え方を、労使をはじめ国民に広く示すとともに、事業主が行うべき諸条件の整備等に関する指針を示すこと等により、高年齢者等の雇用の安定の確保、再就職の促進及び多様な就業機会の確保を図るため、基本方針を策定することとしたものであること。

2　内容
（1）対象期間
　この基本方針の対象期間は、平成25年度から平成29年度までの5年間とするものであること。

（2）高年齢者等の就業の動向に関する事項（基本方針第1関係）
　高年齢者の雇用・就業の状況や、高年齢者に係る雇用制度の状況等について、最新の統計結果等を盛り込むものであること。

(3) 高年齢者の雇用の機会の増大の目標に関する事項（基本方針第2関係）

平成25年度から公的年金の報酬比例部分の支給開始年齢が段階的に65歳へ引き上げられることを踏まえ、希望者全員の65歳までの高年齢者雇用確保措置が全ての企業において講じられるよう雇用の場の拡大に努めること等により、新成長戦略（平成22年6月18日閣議決定）で示された平成32年までの目標（「平成32年度までの平均で、名目3％、実質2％を上回る成長」等としていることが前提。）である60～64歳の就業率を63％とすることを目指すとともに、同年までに65～69歳の就業率を40％とすることを目指すものであること。

(4) 事業主が行うべき諸条件の整備等に関して指針となるべき事項（基本方針第3関係）

現行の基本方針に盛り込まれている内容に加え、再就職援助等の対象者について法施行規則の改正内容を踏まえて改めるものであること。

(5) 高年齢者等の職業の安定を図るための施策の基本となるべき事項（基本方針第4関係）

現行の基本方針に盛り込まれている内容に加え、新たに以下の内容を盛り込むものであること。

ア 高年齢者雇用確保措置の実施に係る指導を繰り返し行ったにもかかわらず何ら具体的な取組を行わない企業には勧告書を発出し、勧告に従わない場合には企業名の公表を行い、各種法令等に基づき、公共職業安定所での求人の不受理・紹介留保、助成金の不支給等の措置を講じること。

イ 特に有期契約労働者であった離職者については、公共職業安

定所におけるマッチング支援、担当者制によるきめ細かな支援等の活用により、早期の再就職の促進に努めること。
　ウ　生涯現役社会の実現に向けて、国民各層の意見を幅広く聴きながら、当該社会の在り方やそのための条件整備について検討するなど、社会的な気運の醸成を図ること。

第3　高年齢者雇用確保措置の実施及び運用に関する指針（法第9条第3項）

　厚生労働大臣は、事業主が講ずべき高年齢者雇用確保措置の実施及び運用（心身の故障のため業務の遂行に堪えない者等の継続雇用制度における取扱いを含む。）に関する指針を定めるものとすることとしたこと。

1　趣旨

　この指針は、事業主がその雇用する高年齢者の65歳までの安定した雇用を確保するため講ずべき高年齢者雇用確保措置に関し、その実施及び運用を図るために必要な事項を定めたものであること。

2　指針の内容

⑴　高年齢者雇用確保措置の実施及び運用

　65歳未満の定年の定めをしている事業主は、高年齢者雇用確保措置に関して、労使間で十分な協議を行いつつ、適切かつ有効な実施に努めるものとすること。

⑵　高年齢者雇用確保措置（指針第2の1関係）

　事業主は、高年齢者がその意欲と能力に応じて65歳まで働くことができる環境の整備を図るため、法に定めるところに基づき、65歳までの高年齢者雇用確保措置のいずれかを講ずるものとすること。

(3) 継続雇用制度（指針第2の2関係）

　継続雇用制度を導入する場合には、希望者全員を対象とする制度とすること。この場合において法第9条第2項に規定する特殊関係事業主により雇用を確保しようとするときは、事業主は、その雇用する高年齢者を当該特殊関係事業主が引き続いて雇用することを約する契約を、当該特殊関係事業主との間で締結する必要があることに留意すること。

　心身の故障のため業務に堪えられないと認められること、勤務状況が著しく不良で引き続き従業員としての職責を果たし得ないこと等就業規則に定める解雇事由又は退職事由（年齢に係るものを除く。以下同じ。）に該当する場合には、継続雇用しないことができること。

　就業規則に定める解雇事由又は退職事由と同一の事由を、継続雇用しないことができる事由として、解雇や退職の規定とは別に、就業規則に定めることもできること。また、当該同一の事由について、継続雇用制度の円滑な実施のため、労使が協定を締結することができること。なお、解雇事由又は退職事由とは異なる運営基準を設けることは高年齢者等の雇用の安定等に関する法律の一部を改正する法律の趣旨を没却するおそれがあることに留意すること。

　ただし、継続雇用しないことについては、客観的に合理的な理由があり、社会通念上相当であることが求められると考えられることに留意すること。

(4) 経過措置（指針第2の3関係）

　改正法の施行の際、既に労使協定により、継続雇用制度の対象となる高年齢者に係る基準を定めている事業主は、改正法附則第3項の規定に基づき、当該基準の対象者の年齢を平成37年3月31

日まで段階的に引き上げながら、当該基準を定めてこれを用いることができるものであること。

(5) 賃金・人事処遇制度の見直し（指針第2の4関係）
　高年齢者雇用確保措置を適切かつ有効に実施し、高年齢者の意欲及び能力に応じた雇用の確保を図るために、賃金・人事処遇制度の見直しが必要な場合の留意事項を定めたものであること。
　第2の4(4)の周知の方法としては、例えば、常時各作業場の見やすい場所へ掲示し、又は備え付けること、書面を労働者に交付すること、磁気テープ、磁気ディスクその他これらに準ずる物に記録し、かつ、各作業場に労働者が当該記録の内容を常時確認できる機器を設置することが考えられること。
　第2の4(6)の後段については、高年齢者になる前の段階から行うものを含むものであること。
　第2の4(7)において、見直しを検討することとされている制度は、賃金・人事処遇制度を指し、各事業主の判断で見直しを検討するものであること。

(6) 高年齢者雇用アドバイザー等の有効な活用（指針第2の5関係）
　高年齢者雇用確保措置を講ずるに当たって、独立行政法人高齢・障害・求職者雇用支援機構に配置されている高年齢者雇用アドバイザーや雇用保険制度に基づく助成制度等の有効な活用を図るものであること。

参考3　定年及び再雇用希望等についてのアンケート

〇年〇月〇日
〇〇㈱人事部長

定年及び再雇用希望等についてのアンケート

　　　　　　様

　あなたは　　年　　月　　日に60歳を迎えられます。当社では、就業規則第〇条により60歳を迎えられた日の属する月の賃金締切日を定年退職日と定めていますのでお知らせします。
　一方、当社では、定年後従業員の方で、希望する場合、嘱託として、65歳を限度に継続して働いていただく再雇用制度を設けています。
　そこで、あなたが定年後も再雇用されて働き続けたいか否かなど以下の事項についてお尋ねします。

1　定年退職後は嘱託として再雇用されて働き続けたいですか？（〇を付けてください。）
　　はい　　いいえ

2　（「はい」と答えた方に）働き続けたい年齢は何歳までですか
　　61歳、62歳、63歳、64歳、65歳　まで

3　1日の労働時間の希望はありますか（2について答えた方に）
　　はい（1日　　時間くらい）
　　いいえ

4　1週間に働く日数についての希望はありますか
　　はい（1週　　日くらい）
　　いいえ

5　その他ご希望があれば具体的にお書きください。

※定年後の再雇用については、定年退職日の〇日前までに、ご通知いたします。

参考4　再雇用の決定通知書

○年○月○日
○○㈱人事部長

再雇用の決定通知書

○○部○○課
○○○○殿

　定年退職後は○○部○○課嘱託職員として再雇用することを決定したのでお知らせします。

（雇用期間）　○年○月○日～○年○月○日

　労働条件については、別途労働条件通知書でお知らせします。また、就業規則○条をご参照ください。

参考5　定年退職又は継続雇用終了のお知らせ

○年○月○日
○○㈱人事部長

定年退職又は継続雇用終了のお知らせ

○○部○○課
○○○○殿

　あなたは○月○日をもって（定年退職、継続雇用終了）になりますので、その旨をお知らせします。

理由
① 　定年退職後継続雇用を希望しないため
② 　就業規則○条○号の解雇事由に該当するため
③ 　就業規則○条○号の退職事由に該当するため
④ 　高年齢雇用安定法附則第3項に基づきなお効力を有する改正前の同法第9条第2項に基づく労使協定（第○条○号）の要件を満たさなかったため

著者紹介

弁護士 片山　雅也
　　　　（かたやま　まさや）

弁護士法人アヴァンセリーガルグループ執行役員
　2004年旧司法試験合格。労務問題については企業側弁護士として、様々な種類の団体交渉、労働審判及び労働訴訟といった紛争法務から就業規則等の各種労務規程の整備やメンタルヘルス不調者への事前対策といった予防法務まで幅広く取り扱う。また企業における労務問題だけではなく、企業活動に伴って生じる各種訴訟案件、不動産関連訴訟、反社会的勢力に対する各種仮処分や強制執行事案、各種特別法のリサーチ、各種契約書の作成及びレビュー、M&A法務DDや会社組織再編の策定事案など数多くの種類の事案に従事している。クライアントにとって法務の視点からベストといえる対応策をあらゆる視点から常に考え、その対応策をいかにわかりやすく伝えるかをモットーにしている。近著に「トラブル防止のための就業規則」、「もう困らない！職場のパワハラの傾向と対策」（共著）及び「経営者の皆さん！その悩みお手伝いします」（共著）、「先見労務管理」における「施行直前！改正高年法Q&A」（いずれも労働調査会）がある。

65歳全員雇用時代の実務Q&A
～改正高年齢者雇用安定法への対応～

平成25年7月10日　初版発行

著　者　　片山雅也
発行人　　藤澤　直明
発行所　　労働調査会
　　　　　〒170-0004　東京都豊島区北大塚2-4-5
　　　　　TEL 03-3915-6401
　　　　　FAX 03-3918-8618
　　　　　http://www.chosakai.co.jp

ISBN978-4-86319-369-7 C2030

落丁・乱丁はお取り替え致します。
本書の一部あるいは全部を無断で複写複製することは、法律で認められた場合を除き、著作権の侵害となります。
©Masaya Katayama 2013